D0269861

$$\frac{2800}{9\text{-}00}$$

La nación vasca posible

crítica contrastes

Joseba Arregi

La nación vasca posible

El nacionalismo democrático
en la sociedad vasca

Crítica
Barcelona

Diseño de la colección: Compañía de Diseño

Fotocomposición: Víctor Igual, S. L.

© 2000: Joseba Arregi
© 2000: EDITORIAL CRÍTICA, S. L., Provença, 260, 08008 Barcelona

ISBN: 84-8432-113-4
Depósito legal: B. 38.119 - 2000
Impreso en España
2000. — A&M Gràfic, S.L., Santa Perpètua de Mogoda (Barcelona)

Introducción

L as reflexiones que se ofrecen en este ensayo son fruto de una maduración extensa en el tiempo. La redacción, sin embargo, ha estado enmarcada, temporalmente, por dos asesinatos concretos, el de Fernando Buesa, de quien fui compañero en el Gobierno vasco, de quien era compañero en el Parlamento vasco, y el de José Luis López de Lacalle, mi amigo, preso de Franco, rebelde y amante de la libertad, ambos víctimas de ETA.

La vorágine terrorista es, por desgracia, anterior y posterior en el tiempo al inicio y a la finalización de la redacción de estas reflexiones. Mantengo esas dos referencias personales en la voluntad de que sirvan de símbolo de todos los asesinados y de todos los que sufren extorsión, miedo y falta de libertad en la sociedad vasca.

Es normal que, aunque la distancia temporal sea todavía muy corta, los asesinatos de Fernando Buesa y de José Luis López de Lacalle se vaya olvidando. En la sociedad vasca parece que existe un sistema especial para olvidar las tragedias: crear en torno a ellas nuevos problemas políticos, o reverdecer los antiguos, que pasan a ocupar las mentes de los políticos y de la mayoría de los ciudadanos interesados en la política. Desmemoria por ocupación, olvido por desalojo. Ya no es el asesinato lo que nos preocupa. Nos preocupa la división de la sociedad vasca. Nos preocupa qué está pasando tras las elecciones generales del 12 de marzo de 2000.

Lo más preocupante de este sistema de desmemoria y olvido está en que a la tragedia de la muerte impuesta la desaloja la preocupa-

*ción táctica, la desaloja la política como táctica, como preocupación
por un fin a conseguir.*

*Es como si se quisiera llenar el vacío creado por el sinsentido de
un asesinato de intencionalidad política con una racionalidad instrumental que sólo sabe de tácticas, de métodos, que, dado un fin a
poder ser no discutido ni racionalizado, se pregunta por la adecuación y la eficacia de los medios dispuestos para conseguirlo.*

*Quiero pensar que no se trata de un endurecimiento de la men-
te frente al sufrimiento, quiero pensar que no es una cuestión de haber creado una callosidad espiritual que nos impide seguir sintiendo
el dolor de los asesinatos. Quiero pensar que todo ello es fruto de
nuestra impotencia ante el absurdo de la violencia, consecuencia de
la voluntad de poner fin al terrorismo.*

*Pero tampoco estoy muy seguro. Porque la vuelta al tacticismo
de la política diaria, partidista, al tacticismo de la confrontación entre partidos, la veo enmarcada en tendencias más amplias, en contextos más globales, en los cuales adquiere ese tacticismo su sentido
pleno. Y si es así, la coartada de que el tacticismo es fruto de la impotencia o de la voluntad obsesiva por acabar con la violencia ya no
está a nuestra disposición.*

*Porque, y algún lector estará ya planteando la pregunta crítica, el
desalojo de la tragedia por el tacticismo de la política diaria es algo
que quizá no es justo aplicar a todos los partidos políticos por igual,
sino que en justicia debiera ser aplicado más al campo nacionalista
que al partido socialista, aunque el partido popular se mueve también en un terreno en el que es prácticamente imposible distinguir la
postura —¿aparente?—, profundamente ética de rechazo a la violencia, y el aprovechamiento electoral de los crímenes de ETA.*

*Las reflexiones que siguen no están planteadas como análisis de
todas las opciones políticas presentes en la sociedad vasca, sino que
tienen como objeto al nacionalismo democrático. Pero reflexionan-
do sobre el nacionalismo democrático y su historia reciente, su actuación y sus propuestas políticas recientes, el objeto de reflexión se
traslada al conjunto de la sociedad vasca, a lo que es, lo que ha sido,
lo que quiere ser, su forma y sus formas de entenderse.*

Son reflexiones sobre el nacionalismo democrático desde el nacionalismo democrático, desde el sentimiento nacionalista. Y son reflexiones que parten de un doble convencimiento: que ante la situación que se ha creado en la sociedad vasca el nacionalismo democrático tiene el deber de reflexionar, de repensar sus estrategias, sus presupuestos. Y que el nacionalismo democrático sólo conseguirá reflexionar si las propuestas críticas parten desde dentro, desde su propio interior, porque las críticas externas, las peticiones de reflexión que se le dirigen desde fuera están neutralizadas desde el inicio.

La reflexión es obligada porque la situación de la sociedad vasca es muy complicada. Lo ha reconocido recientemente el propio Lehendakari: decía, tras el asesinato de Fernando Buesa, que la sociedad vasca vivía los momentos más difíciles del último año y medio. Es verdad. Aunque el plazo debe ser extendido, a mi entender. Porque lo que está sucediendo en estas últimas semanas, lo que ha sucedido a lo largo del año y medio citado por el Lehendakari Ibarretxe, el tiempo que ha durado la tregua anunciada por ETA, no son episodios que se puedan aislar. Forman parte de un conjunto temporal, cuyo comienzo hay que colocarlo en el comienzo de la democracia después de Franco, en la instauración del Consejo General Vasco, en la aprobación del Estatuto de Gernika y en la recuperación democrática de las instituciones vascas.

Si hablamos de riesgo de división de la sociedad vasca, si el fantasma de la deslegitimación de las instituciones vascas aparece por el horizonte, si el sentimiento de hallarnos en una situación sin salida va agrandándose, todo ello no se produce de la noche a la mañana. Tiene una historia. Una historia que es preciso analizar.

Porque, y con ello vuelvo al contexto global que he citado antes, el problema no radica exclusivamente en el tacticismo que he citado como preocupación grave después del asesinato de Fernando Buesa. Ese tacticismo es, en mi opinión, parte de un contexto que se puede describir como racionalismo instrumental, aquel en el que sólo importa la adecuación de los medios para alcanzar el fin que sea.

El tacticismo viene a añadirse a una falta de reflexión de lo que significa un acercamiento al mundo de la violencia. La violencia y el terrorismo son fenómenos de una capacidad desintegradora tremenda, y el acercamiento a ellos requiere de una prudencia nunca suficiente. Y la prudencia no se agota en la afirmación de la buena voluntad, de la buena intención, de estar movidos sólo por el deseo de acabar con esa lacra social.

Porque en política no importan las intenciones, sino los resultados de las acciones.

El tacticismo viene a añadirse a una falta de reflexión de lo que significa construir nación en condiciones de pluralidad de la sociedad que es la materia prima de esa nación a construir. Por ejemplo: ¿es lícito preguntar si el año y medio que ha durado la tregua, si lo que está aconteciendo desde la ruptura de la misma, nos han acercado a conseguir una sociedad más cohesionada, más integrada, más identificada consigo misma desde su propia pluralidad, o nos ha alejado de ese presupuesto, sin el cual el discurso de la construcción nacional es totalmente vacío si no pretende ser totalitario?

El tacticismo viene a añadirse a planteamientos quizá no suficientemente reflexionados en los que se dispone de los marcos jurídicos que han permitido la institucionalización de la sociedad vasca sin contar con ningún repuesto, sin tener ninguna alternativa. Puesta a disposición de los marcos jurídico-institucionales que pertenecen a toda la sociedad, pero sin haber preguntado a ésta si quiere que se pongan a disposición, si quiere renunciar a ellos, sin haberle propuesto alternativas concretas.

En estos últimos veinte años la sociedad vasca ha recorrido un largo camino, un camino muy positivo. En estos últimos veinte años el nacionalismo democrático ha sido actor principal de esa andadura. Una andadura en la que no ha renunciado a sus ideales, para los que la situación institucionalizada no era suficiente. Una andadura que le ha causado más de una frustración.

Por desgracia para todos, la violencia ha estado también siempre presente en estos últimos veinte años. También durante la tregua. La necesidad imperiosa de acabar con la violencia porque está im-

pidiendo que Euskadi se prepare para afrontar los serios retos del futuro, porque está poniendo en peligro la legitimidad misma del nacionalismo en su conjunto, unida a las frustraciones causadas por la andadura del Estatuto, y unida al recuerdo de una meta ideal de independencia, han llevado al nacionalismo democrático a declarar el actual marco jurídico-institucional como superado.

Acabo de citar el miedo a que la violencia terminara contaminando la percepción que del conjunto del nacionalismo tuviera la propia sociedad vasca, amén de la percepción fuera de ella. Pero no creo que haya sido el único miedo que ha impulsado la acción del nacionalismo democrático en los últimos tiempos. También el miedo a que el nacionalismo, en su conjunto, pudiera perder la mayoría de adhesión de la sociedad vasca, peligro percibido en las manifestaciones por el asesinato de Miguel Ángel Blanco, ha dado forma concreta al miedo de contaminación de la percepción del nacionalismo por culpa de la violencia.

Pero quizá le ha faltado al nacionalismo democrático también en ese análisis suficiente reflexión. Porque en ambos miedos aparece el nacionalismo ligado a la violencia: por el daño que su perdurar puede causarle, y por el daño que ya le están causando en la forma de un asentamiento de las opciones no nacionalistas.

Es más que comprensible que el nacionalismo democrático busque la superación de la violencia por todos los medios. La cuestión no radica, en mi opinión, en si dicha voluntad es legítima o no. La legitimidad y la necesidad de dicha opción no están en cuestión. Tampoco lo está, a pesar de que parezca más discutible, la opción de que en algún momento y de alguna forma la negociación deberá ser parte del final de la violencia.

Lo que sin embargo sí se puede plantear y se debe plantear es si la opción legítima y políticamente oportuna del nacionalismo democrático está asentada en una reflexión suficiente; es si el nacionalismo democrático ha analizado suficientemente la trayectoria de los últimos veinte años, si ha reflexionado sobre lo que ha sucedido en esos veinte años, sobre el significado profundo de la realidad plural de la sociedad vasca, sobre el valor de las instituciones, sobre la normalidad de la vida social y política vasca, a la que ataca una y otra vez la violencia.

Y es en este ámbito del análisis y de la reflexión en el que creo que se insertan los problemas del nacionalismo democrático. Se trata de los problemas provenientes de la ubicación de las opciones políticas del nacionalismo democrático en el contexto del racionalismo instrumental, en el plano de la importancia casi exclusiva de la táctica, de aquello que en un momento dado parece conveniente para alcanzar un fin que se supone evidente, pero de cuya concreción racionalizada no se preocupa suficientemente.

Esta apuesta, inconsciente supongo, por la racionalidad instrumental, por la sobrevaloración de la táctica sobre cualquier otro pensamiento, va, por supuesto, acompañada por el uso frecuente de conceptos que inducen a pensar que en realidad en la opción del nacionalismo democrático no se trata de racionalismo instrumental, sino que imperan los contenidos.

Pero un análisis pausado de estos conceptos muestra que los mismos, en general, se caracterizan por su vaciedad de contenido, por su abstracción, por la falta total de concreciones adaptadas a la historia y a la realidad concreta. De esta forma, en los planteamientos del nacionalismo democrático subsisten, uno junto a otro, el conjuro repetido de contenidos abstractos —derecho de autodeterminación, democracia profunda, soberanía o soberanismo, discusión y diálogo sin límites, respeto a lo que decida el pueblo vasco ¿cuándo?— con la racionalidad instrumental y el tacticismo, evitando completamente el campo de juego de la discusión racional sujeta a la realidad concreta de sus planteamientos y opciones, que es el único en el que se puede dar un debate y una discusión racionales: en el ámbito limitado, concreto y racional, único posible, de la democracia.

El tacticismo que ha desalojado ya la tragedia del asesinato de Fernando Buesa de nuestra discusión política diaria no es un episodio aislado, sino que tiene historia, tiene contexto, tiene acompañamiento, por lo menos en lo que afecta al nacionalismo democrático y su posición con respecto a la historia de autonomía de los últimos veinte años.

Convencido como estoy, sin embargo, que el nacionalismo de-

mocrático sigue siendo positivo y necesario para conformar el futuro de Euskadi, de la sociedad vasca, porque sin nacionalismo democrático no habrá pluralismo en el sentido en que hoy lo conocemos, es necesario analizar la trayectoria del nacionalismo en estos veinte años de historia de autonomía, de historia de Estatuto de Gernika, sacar a la superficie tendencias que se han ido desarrollando en ese tiempo, poner de manifiesto formas de argumentación no visibles a primera vista, querencias quizá no percibidas por todos, pero que, a raiz de la apuesta por una determinada política de pacificación, han ido adquiriendo formas muy concretas.

Para preparar el futuro del nacionalismo, para hacer posible que el nacionalismo tenga futuro, para que el nacionalismo pueda aportar todo lo que puede y debe, que es mucho, a la construcción del futuro de Euskadi, de la sociedad vasca, es preciso proceder a esta reflexión desde dentro del nacionalismo vasco para ver qué ha pasado con él, por qué ha ido adoptando las posiciones que ha adoptado, qué hay detrás de esas posiciones, cuáles son los escoramientos que, en especial desde el acercamiento al mundo de la violencia, se han ido manifestando en él, aunque, como ya lo he indicado, se insertan en un contexto más amplio, en una trayectoria más larga.

Si no hacemos este esfuerzo el nacionalismo democrático se puede ir cargando con hipotecas que pueden cerrarle las puertas del futuro. Pero si al nacionalismo democrático se le cierran las puertas del futuro, el futuro de Euskadi, de la sociedad vasca será un futuro más pobre.

Desde esta perspectiva y con esta intención, voy a tratar de analizar en este trabajo tres campos de temas. El primero es el relacionado con la violencia y con la relación del nacionalismo democrático con la violencia, y lo voy a hacer desde la perspectiva de lo que entiendo que ha sido el intento de éste de neutralizar metodológicamente la violencia.

El segundo capítulo estará dedicado a las relaciones del nacionalismo democrático con la situación de autonomía en la que él ha sido encargado de gobernar este país. Trataré de analizar la relación del nacionalismo democrático con el Estatuto de Gernika, su posicionamiento respecto de este marco jurídico-institucional. Y lo haré desde *la perspectiva de la falta de desarrollo, por parte del nacionalismo democrático, de un discurso de legitimación de la situación de autonomía, de la situación estatutaria, del poder autónomo-estatutario.*

El tercer ámbito de reflexión estará dedicado a lo que creo que ha sido una constante en la historia del nacionalismo democrático, su tendencia a colocarse en un espacio histórico fuera de la historia real, concreta, tendencia que ha adquirido formas preocupantes con la estrategia de superación de la violencia de los últimos tiempos, y que ha adquirido una significación cualitativamente nueva desde el momento en que el nacionalismo democrático se ha encargado de la institucionalización y la gobernación real de la sociedad vasca, es decir, desde el momento en que el nacionalismo democrático ha tenido poder institucional.

La rúbrica bajo la que consideraré este campo de temas será, utilizando un término y un concepto tomados de Jon Juaristi, el de la intrahistoria, ese espacio histórico que está fuera de la historia real, esa esencialización de algunos elementos de la historia convirtiéndolos en eternos, ahistóricos, tal y como yo mismo comento en Ser nacionalista *refiriéndome al vínculo ahistórico que establece Oteiza entre el arte prehistórico y su propia estética actual y moderna, matriz de lo que debiera haber sido la regeneración del alma vasca.*

A estos tres capítulos seguirá, como conclusión y corolario del trabajo, y en discusión con las categorías fundamentales del pensamiento de Carl Schmitt, una reflexión sobre la relación entre la neutralización metodológica de la violencia, la falta de discurso legitimatorio del poder autonómico y la tendencia a huir a la intrahistoria entre ellas por una parte, y la voluntad de homogeneidad, la búsqueda de un momento fundacional, la suspensión de la realidad histórica concreta y las dificultades con el pluralismo de la realidad social vasca por otra.

Cerrará el trabajo un ensayo de sistematización de lo que pudiera ser el nacionalismo del futuro desde el respeto de la realidad social vasca actual, desde su asunción como valor positivo y desde la legitimación de la realidad autonómica en el contexto de un mundo en transformación, en el horizonte de la transformación de los esta-

dos nacionales, especialmente a causa de la emancipación del individuo, tanto como ciudadano de derechos como en su calidad de identidad concreta, de la identificación con el grupo sustanciada en la institución del Estado nacional.

Con ello trataré de dejar claro al final del trabajo que todo el esfuerzo está hecho desde el interior del nacionalismo. Soy consciente que muchos nacionalistas no lo verán así, porque se han socializado a la política en el convencimiento de que la lealtad con el partido abarca completamente la lealtad al nacionalismo, y éste agota la lealtad a la sociedad vasca, a Euskadi.

Las tres lealtades siguen siendo fundamentales para mí, pero en una comprensión distinta: para que ese planteamiento de lealtad sea democrático es preciso formularlo de otra forma. La lealtad al partido —en este caso al Partido Nacionalista Vasco— tiene validez desde la lealtad al nacionalismo, y ésta a su vez desde la lealtad a la sociedad vasca, a Euskadi. Y es preciso mantener y defender la diferencia posible entre las tres lealtades, así como la preeminencia de la última lealtad, la lealtad para con la sociedad vasca, para con Euskadi, por encima de las otras dos lealtades. No se trata de negar nada. Se trata de conquistar espacios de libertad, para lo cual son imprescindibles los espacios de diferencia.

JOSEBA ARREGI
17 de junio de 2000

1
Nacionalismo y violencia

A PESAR DE LA normalidad con la que muchos vivimos la vida en la sociedad vasca, no cabe duda de que la violencia ha marcado la experiencia de los vascos desde hace demasiado tiempo. Algunos han opinado que la sociedad vasca corría peligro de acostumbrarse a vivir con esa esquizofrenia: como sociedad normal, dentro de cuyo seno se producen fenómenos de violencia inusitada.

Otros han opinado que la violencia en algunos momentos determinados, en demasiados, ha llegado a coartar la libertad normal de muchos vascos. E incluso que la violencia ha llegado a privar a muchos ciudadanos vascos del bien fundamental de un Estado de derecho: la seguridad en relación a la propia vida y a los propios bienes.

Uno de los peligros que la presencia continua de la violencia y los discursos sociales y políticos sobre ella conllevan es la de banalizar el significado de la misma. Máxime cuando el problema fundamental de la violencia se convierte en el mayor o menor acierto en su explicación histórica, y en las tácticas o estrategias a seguir para su superación. Este tipo de discurso coloca a la violencia en un plano de racionalidad que implica ya, a mi entender, una rebaja del profundo significado de la violencia. La convierte en un fenómeno social más.

Y, sin embargo, la violencia no es un fenómeno social como los demás. Por mucho que su presencia haya sido continua a lo largo de la historia de la humanidad, a pesar de que la paz, los períodos de paz son raros en la historia, la violencia implica, por principio, la negación de la sociedad. La violencia significa la presencia de fuerzas desintegradoras frente al esfuerzo por desarrollar y mantener vivos los lazos que constituyen la sociedad. Allí donde se da violencia, la sociedad está amenazada por la desintegración.

La violencia, también la que se conoce como violencia común, pero más específicamente la violencia de intencionalidad política, pone en cuestión los fundamentos de la sociedad, aquellos acuerdos implícitos que permiten la convivencia, los que hacen que un grupo humano sea más que una aglomeración de individuos, pasando a ser lo que denominamos sociedad.

En la violencia se pone de manifiesto, aparece, el peligro de la nada, la desaparición del sentimiento de realidad, que depende fuertemente de la cohesión de la sociedad, puesto que toda realidad es social desde que el ser humano llegó a serlo gracias al desarrollo del lenguaje, de la capacidad de comunicación.

Pero el terror significa monólogo. Los verdaderos fines, las verdaderas normas que deben constituir la sociedad están definidas de forma absoluta, y es el que actúa con el terror quien dispone, en su omnipotencia, de esa definición. Se suele decir que las instancias del terror no poseen conciencia, porque ellas son la conciencia absoluta. Frente a la conciencia absoluta no es posible el diálogo, que sólo puede darse en la contingencia histórica. En la pretensión absoluta de la conciencia del terror se manifiesta el riesgo de la nada, la desintegración de la sociedad real, histórica, contingente.

Por todo ello, a pesar de la cotidianeidad que puede alcanzar la presencia de la violencia, que ha alcanzado, a pesar de todo el horror, la violencia en la sociedad vasca, es necesario recordar una y otra vez el significado profundo de la violencia, especialmente de la violencia de intencionalidad política. Parafraseando a Lord Acton se puede afirmar que la violencia corrompe, y la violencia convertida en terrorismo corrompe absolutamente.

Por eso el acercamiento a la violencia, por muy necesario que llegue a ser para poder llegar a una superación de la misma, debe ser un acercamiento con todas las reservas necesarias, con todos los re-

aseguros que uno pueda pensar, con todo el cuidado que un fenómeno tan desintegrador como el de la violencia exige para no caer
en sus consecuencias.

Se dice que el agua, las aguas terminan por encontrar siempre su
camino. También la violencia encuentra siempre el resquicio por el
que imponer su poder desintegrador. Por eso nada de lo que se diga
ni haga en relación a la violencia es ingenuo, es inocente. Todo debe
ser escrutado con sumo esmero. La amenaza de ser engañado por el
poder de la violencia está presente en cualquier momento, en cualquier palabra, en cualquier sitio.

La violencia no es una y única. Ni siquiera la violencia de intencionalidad política es única y uniforme. Depende mucho de las circunstancias, depende mucho del contexto. Y hablar de circunstancias y de contextos en relación a la violencia no implica entrar en
una dinámica *comprensiva* en relación a la misma, no significa comenzar a rebajar lo dicho hace un momento sobre el significado
profundo de la misma. Se puede mantener el cuidado requerido al
analizar la violencia diferenciando sobre los distintos sentidos que
adquiere según las circunstancias.

No es el mismo el significado de la violencia en situación de
opresión dictatorial que en situación de democracia, por muy imperfecta que ésta sea. En la situación de dictadura, la violencia también implica riesgo de desintegración de la sociedad. Pero la situación de dictadura que sufre una sociedad significa por su parte que
esa sociedad puede y debe aspirar a un tipo de constitución de sí
misma distinto, radicalmente diferente al de la situación de opresión
dictatorial.

Y en ese sentido y de forma negativa, la violencia puede indicar
la existencia de esa posibilidad de mejora radical. El espacio que
existe para una mejor constitución de la sociedad, basada en un diálogo más libre, permite mediar la pretensión de conciencia absoluta
implícita en toda violencia terrorista, con una nueva realidad social
de diálogo y libertad.

Pero la violencia presente en una situación de democracia, aunque imperfecta como lo son todas las situaciones de democracia, ad-

quiere un significado cualitativamente distinto: en esta situación ya no existe la posibilidad de pensar en una situación cualitativamente distinta respecto a la constitución de esa sociedad, no existe la posibilidad de mediar la conciencia absoluta con una realidad de libertad contingente y limitada. En esta situación la violencia no puede implicar, ni negativamente, esa posibilidad de regeneración cualitativa de la misma sociedad.

La violencia en situación de democracia es mucho más terrible, porque la sociedad se queda sin recursos políticos de diálogo ante ella. Y la violencia que estamos sufriendo en Euskadi durante los últimos veinte años es una violencia en situación de democracia, es una violencia que viene después de una amnistía que permitió que todos los presos *políticos* salieran de la cárcel y que todos los que se encontraban en el exilio pudieran volver a sus casas.

Cuando hoy hablamos, reflexionamos sobre la violencia e intentamos analizarla, lo hacemos en un contexto de democracia, siendo necesario añadir a la comprensión normal de democracia el elemento de reconocimiento de la personalidad histórica de las nacionalidades dentro del Estado español: es decir, se trata de una democracia que, a pesar de todos los problemas que aún arrastra, ha incorporado los elementos de reconocimiento de la diferencia, de reconocimiento de la pluralidad de identidades en el mismo Estado. Y es en este contexto de democracia en el que debemos analizar el significado de la violencia, y el significado de la forma de plantear la relación con la misma del nacionalismo democrático vasco.

Debe quedar claro en todo momento que el análisis que se trata de llevar a cabo es un análisis de situaciones objetivas, y no un juicio de intenciones, y menos el intento de dictar un veredicto ético o moral sobre determinadas actuaciones, tácticas o estrategias, aunque siempre estará presente el convenciomiento de que no es posible eludir el posicionamiento ético ante la violencia.

CONTRADICCIONES

Es preciso reiterar algo dicho en la introducción: si a continuación paso a analizar algunas contradicciones que, en mi opinión, se producen en la postura que mantiene el nacionalismo democrático ante la violencia, ello no significa que proceda a una crítica unilateral del mismo. La intención fundamental es la de tratar de entender y, caso de que me parezca necesario, tratar de depurar los planteamientos, los discursos y los argumentos que se han ido acumulando en esa relación, por si hubiera elementos que puedan poner en peligro el futuro del nacionalismo mismo.

Durante muchos años, el nacionalismo ha recurrido al elemento marxista presente en los planteamientos de ETA para dar cuenta de la violencia usada por ésta. El recurso al marxismo como culpable de la violencia de ETA tenía la ventaja de dejar a salvo al planteamiento nacionalista, que también estaba presente en el discurso de ETA. Si la raíz del uso de la violencia por parte de ETA estaba en sus elementos marxistas, el nacionalismo no quedaba contaminado por la violencia.

A la fuente marxista del uso de la violencia se le añadía la voluntad de emular y mimetizar los movimientos revolucionarios que en el tercer mundo buscaban la superación de situación de dictadura e imperialismo por medio de la combinación de marxismo y nacionalismo.

En los últimos años, sin embargo, se ha producido un cambio, al menos aparente, en la explicación que el nacionalismo democrático da de la violencia. Aun reconociendo que en su seno el diagnóstico de la violencia es controvertido, porque parte del nacionalismo democrático sigue pensando que la raíz marxista de ETA es la responsable y la explicación de su uso de la violencia, en los útlimos tiempos el nacionalismo ha actuado desde la convicción de que la violencia está íntimamente relacionada con los planteamientos nacionalistas.

El nacionalismo democrático ha percibido con claridad que la continuación del uso de la violencia, reclamándose quienes la ejercitan de planteamientos nacionalistas, de terminología nacionalista, de simbología nacionalista, podía terminar dañando irreparablemente al conjunto del nacionalismo. Y a esta percepción se le ha añadido la convicción de la necesidad de superar definitivamente la violencia que se produce en el seno de la sociedad vasca para poder plantear el futuro de ésta ante los graves retos que se le plantean.

A lo largo de los veinte años de historia democrática en Euskadi ha ido, pues, creciendo la percepción de la necesidad de acabar definitivamente con la violencia. Dos sucesos o procesos han sido de fundamental importancia en la consolidación de esa percepción, sin querer con ello negar que han podido participar otros muchos elementos.

La Mesa de Ajuria Enea, y el acuerdo alcanzado en ella, consecuencia del impacto producido por la masacre de Hipercor, a pesar de los efectos positivos de debilitamiento de ETA y de su entorno social, al cabo de algunos años habían llegado a una situación de parálisis: unos acusaban a la Mesa de que sólo está sirviendo para lanzar condenas estériles de la violencia que se daban ya por supuestas, mientras que no se avanzaba en sus potencialidades para tratar de encontrar activamente una salida, para plantear una política de alternativas que fueran capaces de buscar la paz.

Otros se mantenían en la postura de que la vía más efectiva de acabar con la violencia era aislar políticamente al entorno de ETA, a Herri Batasuna, y que no había que cejar en ese empeño.

La parálisis del acuerdo de Ajuria Enea fue manifestación de un desacuerdo profundo entre los partidos democráticos acerca de las vías más eficaces para conseguir la desaparición de la violencia. Mientras que el nacionalismo democrático, desde su percepción de que la violencia además de dañar profundamente a la sociedad vasca y a la convivencia vasca, dañaba también las perspectivas de futuro del nacionalismo en su conjunto —del mismo modo que el asesinato de Fernando Buesa es un tiro al acuerdo de Estella/Lizarra como se afirmará más tarde—, apostaba por el diálogo y la negociación como mecanismos imprescindibles para la superación de la violencia, los partidos no nacionalistas apostaban más por el aislamiento político de ETA y HB, y por la actuación policial, aunque en el caso del Patido Socialista nunca se descartara expresamente la posibilidad del diálogo, pero nunca en el sentido del nacionalismo democrático.

Es preciso decir que la apuesta por el diálogo y la negociación implicaba asumir, por lo menos en parte, la terminología de quienes usaban la violencia: éstos, abandonando épocas en las que mantenían que nada era negociable, habían pasado a plantear la negociación necesaria como solución al conflicto cuya manifestación era la violencia.

En relación a la violencia aparecía, pues, un debate añadido: la conveniencia o no de plantear una negociación, un diálogo con los violentos para buscar una salida a la situación de violencia. Para unos, sin diálogo ni negociación se apostaba por la perpetuación de la violencia. Para los otros, el discurso mismo de la negociación y el diálogo suponía un balón de oxígeno para los violentos, suponía aportar elementos de legitimación que fortalecían las posiciones de los violentos.

Lo que interesa poner de manifiesto en este momento es lo que implica el movimiento de acercamiento a la violencia en aras a su superación. Y para analizar lo que hay implicado en ese acercamiento, puede ayudar el análisis de los argumentos que de una parte y de otra se han utilizado al respecto. Desde el nacionalismo democrático se ha afirmado una y otra vez que el diáologo y la negociación se deben dar cuando existe violencia, puesto que cuando ya no existe violencia nada hay ya que dialogar o negociar. Y desde el no nacionalismo se ha contestado simétricamente: si se concede lo que pretenden los terroristas, tampoco hay nada que negociar.

Es bastante característico de toda la discusión acerca de las vías de solución a la violencia la oposición simétrica de los argumentos que se emplean, como en el caso citado. Si de una parte se expresa la acusación de que los gobiernos de Madrid no están interesados en la solución definitiva de la violencia, que asumen cierto grado de violencia, porque no afecta a las estructuras del Estado de forma contundente, porque el Estado puede *vivir* con ella, y de paso se mantiene al nacionalismo democrático hipotecado, de la otra parte se afirma que el nacionalismo democrático necesita de la violencia para conseguir lo que de otra forma es incapaz de alcanzar.

El nacionalismo democrático ve en la violencia un riesgo para el conjunto del nacionalismo. Pero para poder evitar ese riesgo opta por entrar, por lo menos en parte, en la lógica de los violentos: diálogo y negociación. Se produce, pues, desde la perspectiva de riesgo citada, un acercamiento, del que se espera que pueda conducir a la superación definitiva de la violencia.

La pregunta obligada es si el nacionalismo democrático procede con la cautela debida en ese acercamiento, si toma las medidas preventivas necesarias para que el acercamiento hacia un fenómeno desintegrador de sociedad no produzca la desintegración del nacionalismo, que es el riesgo que precisamente se quiere evitar con el acercamiento. Y mi impresión es que al nacionalismo democrático le ha faltado esa cautela, que ha desconocido el problema de fondo de la violencia, que no ha tomado en cuenta su fuerza destructiva, no sólo de vidas humanas y de bienes, sino de la misma estructura social.

Pues para que el acercamiento implicado en la apuesta por el diálogo y la negociación no produzca efectos de desintegración es preciso clarificar con agudeza los límites de la negociación, explicitar con claridad qué es lo que está a disposición de la negociación, cuáles son los límites que no se pueden sobrepasar, cuáles son los contenidos sobre los que puede versar el diálogo y la negociación.

Es decir: es preciso superar el plano formal de la discusión en el sentido de no discutir sobre el método, diálogo y negociación sí o no, sino dar el paso a la explicitación de los contenidos, enfrentarse a la pregunta de qué es lo que la democracia, una sociedad democrática, posee para poner a disposición de la negociación con los violentos.

Pues es en este plano en el que se dilucida la legitimidad del acercamiento a la violencia, en el plano de los contenidos democráticos de lo que se negocia. Y la legitimidad del acercamiento a la violencia no se puede reducir a una cuestión de bondad de intenciones, máxime cuando en las intenciones del nacionalismo democrático, como hemos apuntado ya y ha sido puesto de manifiesto reiteradas veces por sus propios responsables, se entremezclan los daños que la violencia produce a la sociedad con los daños que la misma produce al nacionalismo en su conjunto.

Y es preciso añadir que la cuestión de la legitimidad del acercamiento a la violencia no puede tener su respuesta desde los fines conseguidos, desde la desaparición de la violencia. Porque la siguiente pregunta debe ser formulada en cualquier caso, aunque sea de forma retórica: ¿puede hablarse de superación de la violencia si la situación resultante de la negociación con los violentos contiene elementos de victoria de los mismos, implica la aceptación de exigencias de éstos?

La referencia histórica ha sido uno de los argumentos más utilizados por el nacionalismo democrático para reforzar su apuesta por la negociación y el diálogo: todos los conflictos de naturaleza violenta se han saldado por medio de la negociación. Y los ejemplos más palpables son el conflicto palestino y el norirlandés.

Dos anotaciones son, en mi opinión, necesarias al respecto: ni en el caso palestino ni en el norirlandés se puede hablar de una oferta de negociación de una sociedad democrática a los violentos. En el caso palestino la violencia ha sido usada por ambas partes. No creo que nadie pueda afirmar, aunque no ponga en cuestión que Israel sea un Estado democrático, que la situación del conjunto palestino-israelí fuera una situación de democracia, pues en democracia no hay refugiados, ni se puede hablar de democracia cuando se habla de millones de personas sin ningún tipo de ciudadanía, o siendo ciudadanos de segunda clase, pertenecientes a territorios ocupados. En ese caso la sociedad tiene algo que ofrecer a los violentos.

En el caso de Irlanda del Norte el punto de partida es la situación de falta de igualdad democrática de los habitantes católicos del Ulster en relación con los habitantes protestantes. Se trata, pues, de una situación de discriminación por razón de religión. Se trata de una situación de discriminación política y social. Ahí también tiene la sociedad algo que ofrecer a los violentos.

La situación de la sociedad vasca no es comparable bajo ningún aspecto con ninguna de las dos situaciones aludidas: ni forzando hasta la distorsión la situación de Euskadi se puede afirmar que en su caso y aplicado a los nacionalistas se trate de ciudadanos de segunda clase, que en ella se dé discriminación política o social de ninguna clase, que se trate de territorios ocupados. Con todas las imperfecciones que se quiera, la sociedad vasca vive una situación de democracia. Y es en esa situación de democracia en la que se plantea la pregunta arriba formulada: ¿qué se puede ofrecer legítimamente a los violentos, sin renegar de la democracia?

Independientemente de que en el campo de la historia las demostraciones no son planteables por principio, la afirmación de que todos los conflictos violentos se han superado por medio de la negociación dependerá, en todo caso, de cómo se defina conflicto, pues dependiendo de la definición podremos encontrar conflictos superados por medio de negociación, y conflictos superados por victoria, o por agotamiento o por cualquier otra causa.

En cualquier caso, la cuestión importante es que es preciso analizar la situación en la que se produce la violencia, valorar su significado, que como ya se ha indicado es distinto tratándose de situación de democracia o no, y, por lo tanto, de la legtimidad de la negociación que se plantea.

Creo, pues, que en el acercamiento del nacionalismo democrático a la violencia, con el fin de superarla, se plantean contradicciones y problemas de legitimación no suficientemente explicitados ni analizados. Y esa falta de análisis, de plantearse cuestiones vitales y fundamentales, es la que ha conducido a una percepción crítica del nacionalismo. Desde éste se ha criticado lo que se considera una desmesurada crítica mediática, una criminalización del nacionalismo en su conjunto, una instrumentalización de la violencia con vistas a desacreditar el conjunto del nacionalismo.

Pero cuando éste apuesta por un acercamiento a la violencia, implicado en la exigencia del diálogo y la negociación con los violentos, y lo hace, como creo, sin tener en cuenta el poder desintegrador de la violencia terrorista, y sin plantearse a fondo la cuestión de la legitimidad necesaria para ese acercamiento, de dónde puede provenir, quién y cómo la puede aportar, no es extraño que los observadores caigan en una indiferenciación entre violencia y nacionalismo que no hace justicia al nacionalismo vasco.

Pero se trata de una indiferenciación que, en buena medida, está presente en la estrategia seguida por el propio nacionalismo vasco. No desde luego en su intención, pero sí en la objetividad de sus actuaciones.

En la reacción del nacionalismo democrático ante las críticas de los medios de comunicación, ante la tendencia de éstos a juzgar al nacionalismo democrático desde la sospecha de connivencia, objetiva, no subjetiva e intencional, con la violencia, existe tanto un elemento de razón ante las simplificaciones interesadas, como otro de reconocimiento a regañadientes de la problematicidad de la propia posición.

Si no se diera esto último, la posición del nacionalismo democrático sería mucho más relajada y fácilmente argumentable. La virulencia de la reacción pone de manifiesto, a mi entender, la conciencia no asumida ni reconocida de los problemas implicados en su apuesta y no suficientemente clarificados, en especial el problema de la legitimidad objetiva de su apuesta.

Como quiera que el propio nacionalismo democrático siente ese problema, percibe, aunque sea de manera implícita las contradicciones que he indicado en este apartado, ha desarrollado un discurso en torno a su apuesta que es preciso seguir analizando.

LA EXPLICACIÓN DE LA VIOLENCIA

La estrategia y el discurso del nacionalismo democrático en relación a la violencia no se agota en apostar por las vías del diálogo y la negociación para su superación. El nacionalismo democrático ofrece un discurso explicativo de la violencia.

En el apartado anterior me he referido a la controversia que ha existido siempre dentro del nacionalismo sobre la o las raíces de la violencia, y he subrayado que casi siempre ha valido la explicación de que la violencia se debía a los elementos marxistas en el planteamiento de ETA, un marxismo que se servía de la fuerza del nacionalismo como de un buen metal conductor para conseguir sus fines.

En la estrategia de acercamiento a la violencia, en la apuesta por el diálogo y la negociación como vías para la superación de la violencia se ha producido, sin embargo, un cambio importante: la visión que transmite el nacionalismo democrático, de forma casi unívoca, es la de que la violencia es manifestación de un conflicto político. Por lo tanto la raíz de la violencia hay que encontrarla en la existencia de ese conflicto político, que no es otro que el de que Euskadi, la sociedad vasca, Euskalherria, no han encontrado un encaje definitivo y satisfactorio con el Estado, con España.

Bien es cierto que los violentos, ETA, lo formularían de otra forma, con más radicalidad aún: no se trata de falta de encaje definitivo y satisfactorio de la sociedad vasca con el Estado, con España —o con los Estados, Francia y España—, sino de que no se le reconoce a la nación vasca la posibilidad de constituir un Estado propio.

El nacionalismo democrático se ha colocado en la posición de afirmar que la violencia tiene una raíz política, cual es el conflicto histórico de Euskadi con el Estado, el conflicto cristalizado en el difícil encaje de Euskadi, del pueblo vasco, en el entramado que es el Estado español.

En las manifestaciones públicas de los dirigentes nacionalistas ha desaparecido el elemento marxista como posible explicación de la violencia. Ésta está relacionada en exclusiva con el problema político que existe en Euskadi en relación a su relación con el Estado. No aparece en las manifestaciones de los dirigentes nacionalistas democráticos ninguna otra explicación para la violencia, no aparece ningún esfuerzo por ver si, además de la citada, pudieran existir otras fuentes, otras raíces para la violencia de ETA.

Esta explicación de la violencia por parte del nacionalismo democrático contiene una contradicción importante. Pues el nacionalismo democrático no se cansa de repetir, por otro lado, que el conflicto político que le sirve para explicar la violencia, es anterior al surgimiento de la misma, y que aunque desapareciera la violencia, seguiría existiendo en estado latente si no se alcanzara un acuerdo satisfactorio con el Estado en lo que a las relaciones de Euskadi con él se refiere.

Si ha habido épocas, y muy largas, en las que el conflicto no ha conducido a la violencia ni ha necesitado de ella, y si se postula que en el futuro esa situación se puede repetir, es decir, la existencia de conflicto sin recurso a la violencia, entonces parece evidente que el conflicto como tal y en exclusiva es incapaz de explicar suficientemente el nacimiento y el mantenimiento de la violencia de ETA.

Y es que por mucho que se quiera no es posible reducir la causalidad de la violencia a la existencia del conflicto. Si éste ha existido sin que se diera violencia alguna, es porque el nexo entre conflicto y violencia no es necesario, ni por su propia naturaleza, ni por las circunstancias históricas. Debe haber, más allá de la vinculación que los propios grupos terroristas establecen entre conflicto y violencia, otras causas que expliquen el recurso a la violencia.

De cualquier manera y teniendo en cuenta que ésta, la violencia, es un fenómeno histórico, muy de extrañar sería si una única causa fuera suficiente para explicar su surgimiento y su mantenimiento. Cualquier fenómeno histórico requiere explicaciones multicausales. Incluso un mismo fenómeno requiere de explicaciones diferentes en tiempos y en momentos diferentes: no es lo mismo la situación de la Sicilia que vió nacer la mafia, a la situación de la Sicilia actual, o a la situación de los EE.UU. en los tiempos en los que la mafia se extendió allí.

El recurso a la violencia a finales de los años cincuenta y comienzo de los sesenta en la Euskadi oprimida por la dictadura de Franco, en la Euskadi que miraba hacia los movimientos de liberación nacional que se estaban dando en los países subyugados, en la Euskadi que en sus generaciones jóvenes estaba descubriendo el existencialismo, el marxismo y el freudianismo, puede tener y tiene otras explicaciones que el mantenimiento mismo de la violencia después de una transición democrática en España, después de la posibilidad de participar en los procesos democráticos de elecciones que se da en la sociedad vasca, después de la recuperación de las instituciones propias de autogobierno.

La violencia que surge en la época de la dictadura de Franco tiene raíces que apuntan a la opresión de la misma dictadura, a una asunción rejuvenecida del ideal nacionalista, al despertar a corrientes ideológicas en las que el valor de la acción revolucionaria y el recurso a la violencia no encontraban diques éticos cerrados, a situaciones revolucionarias que podían servir de ejemplo y acicate. Como ya he indicado más arriba, a esa violencia le puede responder la mediación de la libertad democrática para superar sus efectos desintegradores en relación a la constitución social.

Pero para explicar el mantenimiento de la violencia en el marco de una democracia incipiente, cuando el marxismo ha dejado de ser un descubrimiento para la juventud vasca, cuando los movimientos revolucionarios de liberación nacional han dejado de ser ejemplo a imitar, cuando la mayoría de la sociedad vasca ha optado por las vías democráticas, por la recuperación de las propias instituciones en el marco jurídico establecido por el Estatuto de Gernika, la referencia a la existencia del conflicto político no puede ser la explicación, por lo menos no la única, de la violencia de ETA.

Porque el conflicto no puede seguir siendo el mismo que en la época de la dictadura franquista: el cambio producido es cualitativo. Ya no existe opresión dictatorial; se han legalizado los partidos políticos; existe libertad de ideas, de prensa, de asociación; existen procesos electorales; la ikurriña es legal; el euskera es promovido desde las instituciones, es cooficial; existe un Gobierno Vasco, un Parlamento Vasco.

No es cuestión de afirmar que la relación de Euskadi con el Estado sea totalmente aproblemática. Pero no es posible afirmar que la situación de la sociedad vasca en el Estado sea después de la Constitución y del Estatuto de Gernika de la misma conflictividad que en la dictadura franquista. Como ya he indicado el cambio es cualitativo.

Y una de las explicaciones que el nacionalismo democrático no expresa al referirse a la violencia es que ETA no ha asumido ese cambio cualitativo. Y no lo ha asumido porque no considera que exista esa calidad en el cambio, porque considera que no es el conjunto del pueblo vasco, constituido en sentido nacionalista, Comunidad Autónoma y Navarra, el que ha podido optar por su forma institucional.

Y sin embargo, la mayoría de la sociedad vasca, de los ciudadanos de la Comunidad Autónoma, y posteriormente los ciudadanos de Navarra, han optado y han ido ejerciendo su derecho de ciudadanía en el marco ofrecido por la situación actual, y lo han ido refrendando por mayorías amplias.

Por eso creo que no se puede analizar la violencia que ETA ejerce en Euskadi sin hacer referencia a esta incapacidad de reconocer la decisión de la mayoría amplia de ciudadanos vascos. Puede ser legítimo pensar que la mayoría debiera haber optado por otra vía; puede ser legítimo pensar y afirmar que no se ofrecieron a los ciudadanos vascos todas las opciones que se le debieran haber ofrecido; puede ser legítimo pensar que lo que hacía falta después de Franco era una ruptura y no una reforma, y que lo que se produjo fue una reforma vergonzante.

Pero la mayoría de ciudadanos vascos y navarros han aceptado la oferta que tenían, la han ido refrendando una y otra vez, dando así legitimidad a la reforma y a las instituciones de autogobierno surgidas de la reforma y de la transición democrática. Y ETA ha sido, y sigue siendo, incapaz de reconocer y aceptar la voluntad de la mayoría de los ciudadanos vascos. Ésa es si no la verdadera raíz de la violencia, sí una de las explicaciones más importantes de la violencia de ETA: no admitir lo que la mayoría de ciudadanos vascos ha decidido.

En esta no aceptación y en algunas de las explicaciones que los propios terroristas dan para esa no aceptación aparecen otros elementos que también ayudan a explicar, más allá del discurso del conflicto, la violencia de ETA. En textos redactados por los violentos y en textos que tratan de teorizar tanto el derecho a no reconocer la decisión de la mayoría de vascos como la propia naturaleza del movimiento terrorista, se hace referencia continua a que no se ha producido la situación inicial pura y clara en la que el pueblo vasco, reconocido como tal, exprese su voluntad sobre su propia naturaleza y su propio destino.

En esos textos aparece claramente la búsqueda, más: la exigencia, de ese momento iniciático, fundacional, puro, constitutivo, sin condicionantes ni impurezas históricas. Y es el propio movimiento ETA quien constituye, como afirman, «el momento fundacional» de la historia vasca, del pueblo vasco, y el único, por lo tanto, que puede garantizar la fundación constitutiva para todo el pueblo.

Este elemento de totalitarismo es el que conduce a ETA a no reconocer la transición, la reforma, los frutos de la una y de la otra, los resultados de las elecciones, la institucionalización que se encuadra en todo ello, porque todo ello no responde a lo que se debe encontrar en ese momento iniciático, fundacional y constitutivo, ahistórico porque comienzo absoluto de la verdadera historia: ETA extendida a toda la sociedad vasca.

Ésta también es una raíz de la violencia, y en mi humilde opinión, la raíz más fuerte de la violencia de ETA, aquella que hace que las esperanzas de la incorporación al juego político fracasen una y otra vez, porque lo que constituye su naturaleza es algo que no tiene cabida en la historia, y, por lo tanto, tampoco en la democracia.

El nacionalismo democrático ha creído poder soslayar esta explicación de la violencia y reducirse a proclamar que ésta es la manifestación de la existencia de un conflicto, olvidando en su argumentación la diferencia cualitativa que se ha producido en la naturaleza del conflicto desde la época de la dictadura gracias a la reforma democrática del Estado.

La pregunta que es preciso plantearse y tratar de responder es la que se refiere a la razón o las razones, conscientes o inconscientes, que haya podido tener el nacionalismo para asumir esa explicación monocausal de la violencia. Una primer razón que salta a la vista es la siguiente: si la violencia proviene de una única causa, y ésa es el conflicto, la solución de la violencia pasa necesariamente por la solución del conflicto, por la normalización de la situación, por la búsqueda de una solución para el conflicto, por el acuerdo entre Euskadi y el Estado que haga desaparecer el conflicto para siempre.

Si la violencia fuera hija de muchos padres, si las causas de la misma fueran múltiples, la necesidad de superación del conflicto, el carácter de eje del conflicto en la solución de la violencia, en la búsqueda de la paz, dejaría de ser tan evidente, tan claro, tan prístino. La multicausalidad como explicación de un fenómeno conlleva la necesidad de buscar soluciones múltiples.

Y si una de las raíces de la violencia radica en su carácter totalitario, parte de la solución deberá venir de poner al descubierto ese carácter totalitario, de reclamar su reconducción a planteamientos compatibles con la democracia, de exigir la renuncia a dichos planteamientos totalitarios.

En el nacionalismo democrático se observa, sin embargo, una resistencia tanto a la explicación pluricausal como a la solución múltiple. Además de la primera razón aducida y que indica un interés en vincular superación de la violencia con solución al conflicto, en la resistencia indicada del nacionalismo democrático se pone de manifiesto una contradicción buscada y resentida.

Una frase muy utilizada en la discusión sobre la pacificación es la que se toma de los múltiples estudios que sobre ese tema y el de la reconciliación existen actualmente, y es la que dice que en la solución a un conflicto violento no debe haber vencedores ni vencidos. El nacionalismo democrático se acerca al mundo de la violencia a partir de la afirmación de que la solución sólo podrá ser negociada; afirma que la violencia es manifestación de un conflicto político existente; induce a pensar que la solución sólo puede venir por la superación de dicho conflicto.

A través de la concatenación de los elementos citados el nacionalismo democrático vincula nacionalismo y conflicto, nacionalismo y violencia. Por eso tiene sentido el que desde el nacionalismo democrático se subraye tanto el que en la solución del conflicto no puede haber vencedores ni vencidos, puesto que si hay vencidos, y éstos sólo pueden ser los violentos, entonces el vencido es también el nacionalismo.

Pero si los violentos no pueden ser vencidos porque entonces lo sería el propio nacionalismo en su conjunto, la solución de la violencia que propugna es la victoria del nacionalismo, porque la superación de la violencia implica solución del conflicto, que a su vez sólo puede venir si se acepta lo que plantean los violentos, puesto que al aceptar que su violencia es manifestación del conflicto, se les concede el derecho de definición del mismo.

Por otro lado, sin embargo, el nacionalismo se revuelve, y con toda razón, cuando se le acusa de estar junto a los violentos, de actuar casi en connivencia con ellos, porque, como muy certeramente afirma, el nacionalismo democrático en toda su larga historia nunca ha aceptado el recurso a la violencia como método político, y sus credenciales de actuación política son totalmente democráticos durante los más de cien años de historia con los que cuenta.

Pero la contradicción está ahí, está en algo que hemos indicado anteriormente: en la falta de cautela que quizá ha imperado en el nacionalismo democrático en su acercamiento a la violencia, impulsado quizá por su obsesión de acabar con ella, entre otras cosas, por el daño que podía acarrear al conjunto del nacionalismo.

Lo que sucede es que con su explicación de la violencia de ETA, vinculando tan estrechamente violencia con conflicto, y por esta vía, con nacionalismo, no hace más que ahondar en ese riesgo: no hace más que aumentar las posibilidades de que la percepción del nacionalismo quede ligada a la violencia de forma definitiva.

Probablemente es indiscutible la frase tomada de la literatura sobre la reconciliación que dice que en un conflicto violento no debe haber al final ni vencedores ni vencidos. También es cierto, sin embargo, que es preciso diferenciar si se trata de conflictos en los que la democracia está totalmente ausente, o si se trata de conflictos en los que la democracia es un dato innegable. En este caso, y aun manteniendo la tesis de que no deba haber vencidos para que pueda haber una reconciliación entre todos, sí es legítimo plantear que la violencia debe ser vencida, porque no puede estar en el mismo plano de legitimidad que la democracia.

La violencia, su raíz totalitaria, su falta de legitimidad deben ser vencidas, por los argumentos de la democracia, por el funcionamiento mismo de la democracia. Y para que los violentos no sean vencidos, es preciso que se produzca una desvinculación de los mismos con la violencia: si no, no hay victoria de la democracia, y ésta no puede faltar.

El mismo papel que la frase de que no debe haber ni vencedores ni vencidos juega el carácter político del conflicto. Tanto desde el mundo del nacionalismo democrático como desde el mundo de los violentos se ha reclamado y se sigue reclamando el reconocimiento del carácter político, de la naturaleza política del conflicto que enfrenta a Euskadi con el Estado, con España.

Este reconocimiento reviste automáticamente de carácter político también a la violencia de ETA, y la coloca en un plano distinto al de la criminalidad común. Y por medio de la misma operación los presos de ETA se convierten en presos políticos, puesto que son culpables de un crimen político, manifestación de un conflicto político.

No existe ninguna duda de que la intencionalidad de los crímenes de ETA es política. Es evidente que los terroristas aducen razones políticas para su actividad violenta. Es evidente también, por lo menos para mí, que si no pudieran aducir razones políticas no usarían violencia, no cometerían atentados contra la vida, no matarían, por muy rebuscadas, exageradas, incluso falsas que sean esas razones, fruto de la incapacidad de asumir la realidad definida por la mayoría de los ciudadanos vascos.

Pero tampoco existe ninguna duda de que la justicia no los condena por pensar distinto, por afirmar cosas que no cuentan con el beneplácito de la mayoría, por mantener opiniones políticas: no son presos de conciencia, no están condenados por pensar, ni por hacer uso de la libertad de expresión accesible a cualquier ciudadano. Y en ese sentido es lícito afirmar que no son presos políticos, porque en democracia no existen tales.

El recurso al calificativo de político para referirse al conflicto y a los presos posee una doble función en el discurso nacionalista: por un lado sirve para reforzar la tesis de que sólo por medio de la negociación y el diálogo se logrará la superación de la violencia, y por otro lado, llamando político al preso condenado por asesinar parece que se rebaja la gravedad del crimen. El término político sirve, en definitiva, para tender un puente entre lo que es manifiestamente no democrático, ilegítimo en una sociedad democrática, y el funcionamiento de la democracia.

Si no existiera ese puente, si no existiera esa rebaja, cambiarían totalmente los términos en los que es necesario plantear el problema: incluso manteniendo la necesidad del diálogo y la negociación, no sería posible plantearlos sin reconocer el corte cualitativo que existe entre la sociedad democrática y el mundo de los violentos. Y ese corte cualitativo, esa diferencia cualitativa no puede ser reducida ni rebajada por la referencia a la intencionalidad política de quienes usan la violencia y la justifican, o comprenden.

Por eso es necesario plantear una pregunta en relación al nacionalismo democrático: ¿no es posible desligar nacionalismo y violencia? ¿Cuáles son las razones que aduce el nacionalismo democrático para no desligar con claridad su nacionalismo y la violencia, analizando ésta no desde su intencionalidad política nacionalista, sino desde su rechazo de la voluntad mayoritaria de los ciudadanos vascos?

Argumentos

No sería justo pensar que la argumentación del nacionalismo moderado para fundamentar su apuesta por la unidad nacionalista que implica el acercamiento al mundo de los violentos, proclamando la necesidad del diálogo y de la negociación como medios imprescindibles para superar la violencia, no va más allá de lo analizado y descrito hasta ahora.

La misma formulación del párrafo anterior indica que existen dos planos argumentativos que se complementan y se implican mutuamente: porque el problema de la violencia no puede ser solucionado si no es por la vía del diálogo y la negociación, es necesario acercarse al mundo conformado por los violentos y quienes se mueven en su órbita política, a ETA y Herri Batasuna. Este acercamiento por sí mismo produce la percepción de una unidad de acción, unidad que se ha puesto de manifiesto en el acuerdo parlamentario de la última legislatura, a estas alturas ya quebrado, y en la puesta en marcha de la plataforma Batera para el acercamiento de los presos, y en la llamada Institución Nacional Udalbiltza.

Pero la unidad nacionalista es algo más que el producto de ese acercamiento exigido por la defensa del diálogo y la negociación. La unidad nacionalista es, en la argumentación del nacionalismo democrático, la matriz necesaria para que el mundo de la violencia pueda ser recibido en el mundo de la política democrática. Y la unidad nacionalista es, además, necesaria para conseguir por un lado la mayoría necesaria en la sociedad vasca, que a su vez es necesaria para alcanzar la resolución del conflicto histórico con el Estado.

El discurso de la unidad nacionalista encierra, pues, un grado de argumentación suficientemente desarrollado como para tratar de analizarlo detalladamente. Si antes he hecho mención a la función de puente que cumple la referencia al carácter político de la violencia y de sus agentes, al igual que el conflicto, ahora el discurso de la unidad nacionalista puede ser analizado como cumpliendo la función de puente entre la patente ilegitimidad democrática de la violencia y la política democrática.

Porque la unidad nacionalista que se proclama tiene como fundamento de su propia posibilidad la declaración de igualdad de fines entre el nacionalismo democrático y el nacionalismo no democrático. La expresión *construcción nacional vasca* es la encargada de dar cuerpo a la igualdad de fines que existe, según el discurso del nacionalismo democrático, entre ambos nacionalismos. Construir la nación vasca significa en este contexto que existe algo históricamente predeterminado que se denomina *Pueblo Vasco*, con un territorio histórica y culturalmente determinado y que incluye la Comunidad Autónoma, Navarra y los territorios vascofranceses, que históricamente ha guardado su soberanía, entendida ésta como su capacidad de pactar o no pactar con los reyes de Castilla y de España, que ha desarrollado sistemas de autogobierno, y al que le competen, en la articulación política de los Estados nacionales, los derechos propios de una nación, es decir, el derecho a su propio Estado, o al menos el derecho a la autodeterminación para ello.

Unidad nacionalista significa unidad en estos fines entre PNV, EA, HB y ETA. Se comparten los mismos fines. Se comparte una misma concepción de la historia de Euskadi. Se comparte una misma concepción de nación, una misma forma de ver el futuro de Euskadi y de sus relaciones con España y Francia. Se comparte el mismo ideal de la territorialidad.

Este discurso del nacionalismo democrático posee varias virtualidades y también varios problemas, virtualidades y problemas que están estrechamente relacionados. La gran virtualidad de esta manera de argumentar es que produce la impresión de solucionar el problema de la falta de legitimidad democrática que acompaña a la violencia. Si lo que pretenden los violentos —recordemos lo dicho anteriormente de la explicación monocausal que da el nacionalismo democrático de la violencia— es lo mismo que pretenden los nacionalistas demócratas de toda la vida, si la diferencia está sólo en los medios, y no en los fines, entonces se introduce un grado de legitimación democrática en el mundo de la violencia gracias a la democracia de los fines que persigue.

Por medio de esta legitimación democrática indirecta de los planteamientos de la violencia se refuerza la legitimación democrática del acercamiento a la violencia, y se consolida en su carácter puramente democrático de la unidad nacionalista, de las vías del diálogo y de la negociación para la superación de la violencia. Se trata de la construcción de un estilo de argumentación de refuerzos mutuos, un estilo de argumentación que se va cerrando sobre sí mismo. Con todos sus problemas.

Uno de ellos se pone de manifiesto en la exigencia de que los críticos del nacionalismo no mezclen nacionalismo y violencia. El discurso argumentativo del nacionalismo está dirigido, como lo acabamos de ver, a proponer, a argumentar y a legitimar el acercamiento al mundo de la violencia hasta proclamar la igualdad de fines. Pero nadie debe tomar ese acercamiento, esa igualdad en los fines como motivo para criticar esa misma cercanía, esa misma igualdad en los fines, porque en medio están los medios violentos, el uso de la violencia, que se rechazan, aunque la superación de ese mismo uso se haga depender de la consecución de los fines que se comparten.

Este discurso argumentativo del nacionalismo democrático se encuentra con otro problema muy serio: si para la legitimación del acercamiento al mundo de los violentos se construye la necesidad de la unidad nacionalista, hasta afirmar que se comparten los mismos fines, este punto de llegada puede llegar a hacer innecesario el punto de partida de la argumentación.

Me explico: si el núcleo profundo de la operación puesta en marcha en torno a la pacificación reside en la unidad nacionalista sobre el eje de los fines compartidos con voluntad de conformar una mayoría en la sociedad vasca, el mundo de la violencia puede llegar a entender que ya se le está concediendo lo que pretendía, y que ya no necesita renunciar al uso de la violencia. Si la unidad nacionalista era instrumento para el cese de la violencia, pero ya se consigue sin que los violentos renuncien definitivamente a ésta, el argumento empieza a quebrar.

Ésta es la razón por la que en la argumentación del nacionalismo democrático se ha dado la impresión de pasar de presentar el acuerdo de Estella/Lizarra como necesario para la tregua, a entender que aunque ETA siga matando, es necesario continuar con él para ir secando y ahogando el entorno del que ETA puede reclutar militantes sustitutos de los que van cayendo o abandonando, planteándose así la solución de la violencia ya como algo mediato y no ligado directamente a la unidad nacionalista.

Pero el verdadero problema que plantea el discurso argumentativo del nacionalismo democrático estructurado alrededor de la unidad nacionalista, alrededor de la afirmación de compartir con los violentos los mismos fines, se asienta a un nivel más profundo. Parte de una definición de los fines nacionalistas que incluyen una concepción de nación, que en las circunstancias actuales concretas de la sociedad vasca, significa dejar, por lo menos de momento, fuera de la nación a todos los que no se identifican con ella, que forman casi, o sin casi, la mitad de los ciudadanos y ciudadanas vascos.

E implica además afirmar que la construcción de la nación vasca no es posible en el marco jurídico-institucional actual que, recordemos, es el asumido por la mayoría de los ciudadanos de la comunidad autónoma vasca, de Navarra y de los territorios vasco-franceses.

Es decir: la afirmación de compartir los fines con los violentos implica defender un concepto de nación que no es admitido por muchos ciudadanos y ciudadanas vascos, y que no es posible desarrollar en el marco jurídico-institucional votado mayoritariamente por éstos. La afirmación de compartir fines con el mundo de la violencia implica dividir la sociedad vasca, en lo que respecta a su articulación política en los temas fundamentales, en dos. Significa confrontación. Significa enfrentamiento.

El nacionalismo democrático percibe, aunque sea inconscientemente ese peligro, y trata de darle una respuesta. Pero antes de analizarla, creo necesario apuntar a otro elemento de la argumentación del nacionalismo democrático. Se trata de la declaración de agotamiento que ha pronunciado sobre el marco jurídico-institucional que es el Estatuto de Gernika.

El Estatuto de Gernika, nunca asumido por el nacionalismo democrático como definitivo, como satisfacción plena de sus aspiraciones nacionalistas, sí fue entendido en sus inicios, y durante bastantes años, como un camino, que aunque largo, podía sevir para alcanzar el fin de la construcción nacional: la cuestión no era subir al monte por el camino más corto, sino por el camino más seguro, aunque fuera más largo.

En el contexto de la búsqueda de una solución al problema de la violencia, sin embargo, el Estatuto pierde la virtualidad de ser un camino válido para la construcción nacional, y el nacionalismo democrático plantea la necesidad de pasar a otra situación, a una situación en la que, de entrada, se dé ya un reconocimiento formal de aquello que todavía requerirá tiempo para su materialización. Pero aunque ésta no sea posible aún, dada la situación y el posicionamiento de los ciudadanos y ciudadanas vascos, sí se requiere la construcción formal de la misma, sí se requiere el reconocimiento jurídico-institucional previo de lo que luego se materializará, o no, en la historia.

Es precisamente la falta de ese reconocimiento, algo que cuando se presentó a referendum el Estatuto de Gernika no constituía al parecer ningún problema para el nacionalismo democrático, lo que constituye ahora el conflicto vasco en todo su potencial y carácter políticos. Y para resolver ese conflicto que ha tenido como manifestación la violencia terrorista, es preciso cambiar de marco jurídico-institucional, es necesario superar el Estatuto de Gernika, se requiere encontrar algo intermedio entre la Constitución española y la independencia, entre el Estatuto y la independencia.

Al comienzo del análisis de la posición del nacionalismo democrático respecto a la violencia me he referido al argumento, contradictorio, que dice que conflicto ha existido antes de que hubiera violencia y de que lo puede seguir habiendo aunque desaparezca la violencia.

Es curioso: por un lado se plantea la necesidad de la superación del marco como algo necesario para la pacificación y para la normalización —la integración en el sistema institucional democrático de quienes en su día se quedaron, voluntariamente, fuera del sistema del Estatuto de Gernika—. Y desde esta posición actual se reinterpreta la historia, también la de los últimos veinte años de Estatuto: lo que en su día fue un camino válido, lo que en su día fue un reconocimiento de Euskadi como nacionalidad, como entidad política con sus competencias, *casi como un Estado*, como gusta de repetir el mismo nacionalismo democrático incluso hoy en día, ahora deja de tener validez alguna, sino es como algo que ha permitido mejorar las condiciones de vida de los vascos y vascas, pero no para construir nación. Una posición supuestamente instrumental, el acercamiento a los violentos, la unidad nacionalista, el pacto de Lizarra/Estella, se convierte en una opción de contenido muy profundo, en un posicionamiento difícilmente retrotraíble a situaciones anteriores, precisamente porque no es solamente instrumental. Volveré luego sobre ello.

Como ya he indicado varias veces, el conjunto argumentativo

que va desplegando el nacionalismo democrático, no siempre de forma sistemática, sino la mayoría de las veces a golpe de necesidades coyunturales, va percibiendo, aunque sea inconscientemente, los problemas que encierra su forma de argumentar y los contenidos que va desarrollando. El nacionalismo democrático no es ciego ante los problemas de enfrentamiento que se han derivado para la sociedad vasca de su apuesta por la unidad nacionalista.

Uno de las formas argumentativas más claras con las que intenta responder a esos problemas radica en su exigencia de más democracia, en su recurso a la profundización democrática, en la necesidad que plantea de buscar situaciones que supongan más democracia de la que caracteriza a la actual situación.

El nacionalismo democrático no afirmará de forma directa y positiva que la situación actual no sea democrática, como lo hace el nacionalismo radical, cuyo representante ha afirmado en el Parlamento Vasco que la moneda de cambio para conseguir la paz es democracia, indicando que lo que ahora vive la sociedad vasca es una situación de no democracia.

Pero el nacionalismo democrático sí afirma que es posible otra situación, distinta a la actual, y no sólo sin renunciar a la democracia, sino una situación distinta de más democracia, implicando que sí existe en la situación actual cierto déficit democrático. Este déficit democrático consta de dos partes complementarias.

Por un lado la situación no es todo lo democrática que debiera ser porque ha sido incapaz de integrar en ella a un porcentaje suficientemente alto de votantes, los votantes de la izquierda abertzale radical, los votantes de HB, los votantes que no han estado dispuestos a asumir la decisión de la mayoría de ciudadanos vascos. Su déficit democrático, su incapacidad de respetar la decisión mayoritaria de Euskadi, se convierte así en déficit de lo que han decidido la mayoría de ciudadanos. A esto es a lo que muchos, en el nacionalismo democrático, denominan normalización de la sociedad vasca.

Integrar en el sistema, en el funcionamiento democrático, a esta parte de la ciudadanía, a este porcentaje de ciudadanos significaría, para quienes desarrollan el argumento de la democracia como razón que fundamenta la necesidad de un nuevo marco más allá del Estatuto de Gernika, ampliar el consenso que constituye a la sociedad vasca, implicaría la capacidad de encontrar un marco de convivencia capaz de integrar a quienes no han querido integrarse hasta ahora, un marco que, sin embargo, no supusiera deshacer el consenso que ha existido también hasta ahora: democracia como perfección, democracia como superación de todos los problemas, democracia como integración perfecta de la sociedad.

Pero no es ése el único significado de la apuesta por más democracia como argumentación a favor de la superación del marco estatutario. Dicha apuesta contiene un elemento más, y de suma importancia: el derecho de autodeterminación. La situación actual estatutaria que vive la sociedad vasca admite un perfeccionamiento democrático porque en su raíz no existe un ejercicio de autodeterminación, de constitución de sí misma como sujeto colectivo a quien compete el derecho de autodeterminarse.

La autodeterminación y el derecho de autodeterminación aparecen en el discurso del nacionalismo democrático como el *summum* de la democracia, como el elemento sin el que es imposible ni siquiera hablar de democracia. La política, en la comprensión que subyace a la defensa del derecho de autodeterminación, tiene que ver con la conformación de colectivos y con la forma en que éstos colectivos establecen normas de convivencia, normas de actuación individual y conjunta dentro del colectivo y frente a otros. Por eso la norma suprema reguladora de las sociedades democráticas es la *constitución:* es el momento en el que la sociedad se constituye como tal y se da unas normas, es el momento en el que el sujeto colectivo ejerce su derecho de autodeterminarse.

Por todo ello una sociedad no es democrática si no proviene de un acto de autodeterminación. Por eso la sociedad vasca vive en un estado de democracia perfectible, pues le falta aún el ejercicio de ese derecho: no ha terminado de constituirse como sociedad, le falta el acto de constitución.

Junto al derecho de autodeterminación se incide también en otros argumentos relacionados con él: a la sociedad vasca no se le ha preguntado nunca la cuestión de fondo, si quiere ser sola o pertenecer a otra entidad superior y en qué condiciones; no se ha planteado la cuestión en todo el ámbito territorial que constituye la Euskalherria histórica y cultural; no ha existido un momento fundacional de la sociedad vasca, deslindado de condicionamientos históricos circunstanciales; no se ha dado un comienzo claro, incondicionado, puro.

Toda la argumentación tejida sobre el eje de avanzar hacia más democracia, de perfeccionar la situación de democracia que vive la sociedad vasca, de alcanzar una situación de verdadera democracia implica andar dando vueltas en torno al problema fundamental de la sociedad vasca: su complejidad y su pluralidad, también en lo que afecta a sus identificaciones nacionalitarias.

Pues la no integración de los votantes de HB en el sistema democrático que vive la sociedad vasca pone en evidencia, puesto que los no integrados no lo son porque se les niega algún derecho ciudadano fundamental, la falta de voluntad para aceptar el resultado de la forma de verse a sí misma de la sociedad vasca, como sociedad compleja y plural a la que no le corresponde una institucionalización unilateral al estilo de un Estado nacional.

Pero reclamar un avance en la democracia para encontrar un marco capaz de integrar a los que hasta ahora no han querido integrarse implica que quienes tenían razón eran los no integrados, mientras que la mayoría que decidió lo que decidió, erró, pues no consiguió integrar a todos. Creo que en esta perfección democrática que reclama este argumento se incluye un ideal absoluto de democracia inalcanzable sin destruir la misma democracia que implica posibilidad de no integración, amén de suponer una burla y un desprecio a la mayoría de ciudadanos vascos, deslegitimando su democracia en nombre de la no democracia actual, pero sí futura imposible de quienes no aceptaron el veredicto de las urnas.

De la misma forma, la reclamación del derecho de autodeterminación gira continuamente en torno a la misma cuestión. Ello se pone de manifiesto cuando, desde el convencimiento de que una consulta popular de sentido autodeterminatorio no daría como resultado la opción de separarse del Estado español, se incide en que con dicho derecho no se está planteando la separación, sino sólo el reconocimiento formal de poder plantearse la separación o la continuación con el estado actual, o incluso la integración total e indiferenciada en el Estado.

Es decir: desde la percepción de que la respuesta material de la consulta de autodeterminación no produciría un resultado nacionalista clásico, se recurre a conseguir vía reconocimiento formal del derecho lo que no se puede conseguir como resultado del ejercicio del derecho. Se trata del derecho a tener, en el juego de mus, siempre treinta y uno de mano.

Porque el nacionalismo democrático, e incluso el nacionalismo radical de HB, son conscientes de que para poder hablar de más democracia en el sentido en que lo hacen, para poder afirmar que existe algún déficit democrático en la situación jurídico-institucional actual del País Vasco, es preciso contar con un sujeto colectivo homogéneo, de quién se pudiera predicar de manera evidente el derecho de autodeterminación, que lo es siempre que se da esa evidencia de homogeneidad.

Pero como ese sujeto no existe, es preciso construir la figuración de que existe, es preciso construirlo formalmente, por medio del reconocimiento del derecho de autodeterminación: si se reconoce tal derecho, implícitamente se está reconociendo la existencia del sujeto que causa problemas en su realidad histórica concreta. El derecho de autodeterminación cumple la función de un *deus ex machina* que permita solventar de una forma, al parecer, limpia, democrática y sin forzar la situación, el problema que implica la pluralidad y la complejidad de la sociedad vasca.

Lo que quizá el nacionalismo democrático vasco no percibe con suficiente claridad es que asumiendo el discurso argumentativo de la falta de democracia plena, de la necesidad de perfeccionar la situación democrática de la sociedad vasca añadiéndole el ejercicio del derecho de autodeterminación, o, por lo menos, el reconocimiento del derecho como tal, está legitimando la no integración de los votantes de HB en el sistema democrático decidido por la mayoría de vascos, está legitimando la deslegitimación de la situación estatutaria que ha sido siempre el fin perseguido por el nacionalismo radical.

Y la verdad es que la batalla que está planteada en estos momentos en Euskadi, en el contexto de la pacificación, es el de la legitimidad o ilegitimidad de los últimos veinte años de historia de la sociedad vasca, de las instituciones que ésta se ha dado a sí misma, del poder que se ha ejercido en esos años; y a la inversa, la batalla en torno a la legitimidad de la violencia ejercida durante esos mismos veinte años como oposición a unas decisiones que no tenían la última legitimidad democrática exigible.

Como he afirmado al principio de estas reflexiones, la violencia pone en cuestión los fundamentos de una sociedad, en especial cuando se trata de violencia de apellido político. La violencia siempre es grave, siempre contiene unos riesgos tremendos para la convivencia. Pero la violencia ejercida en situación de democracia es aún mucho más peligrosa, contiene aún riesgos mucho más graves para la sociedad en la que surge. Por eso el acercamiento a la violencia debe ser muy cuidadoso, por eso el acercamiento a la violencia implica riesgos tremendos, y no sólo en cuanto a resultados electorales se refiere, sino en planos mucho más importantes, en el plano de pérdida de referencias democráticas.

Porque los puentes que pretende construir el nacionalismo democrático para traer a los violentos y sus votantes a un sistema democrático, pueden ser puentes de ida sin vuelta, y no puentes de vuelta que quedan destruidos una vez transitados. Si el acercamiento reclama la deslegitimación de la decisión de la mayoría, si el puente implica investir de legitimidad democrática a los fines de los violentos, que se comparten, si el puente lleva a compartir con ellos la reclamación de lo supuestamente fundamental de la democracia, la constitución de un sujeto colectivo acreditativo del derecho de autodeterminación, a pesar de la evidencia en contrario de la sociedad vasca en su pluralidad y su complejidad, está más que justificada la pregunta de quién es el que está transitando por ese puente: si el mundo de la violencia y sus seguidores a un mundo que los nacionalistas democráticos, al construir el puente, nos estamos empeñando en destruir, o el nacionalismo democrático hacia el otro lado, que no manifiesta ninguna intención de poner en cuestión, de destruir su propio mundo.

VIOLENCIA Y MÉTODO

Es cierto que el nacionalismo democrático intuye la existencia de estos problemas. Por eso la afirmación, después de haber declarado el agotamiento del Estatuto, de que no se trata de renunciar a lo conseguido, de que no se trata de negar el Estatuto, sino de avanzar a partir de él y por medio de sus propias previsiones.

Por eso también el nacionalismo democrático, o por lo menos algunos de sus representantes, han llegado a decir que, en cualquier caso, la violencia debe desaparecer para poder hablar del resto de problemas, aunque cuando el Lehendakari plantea así las cuestiones, los portavoces del PNV y de EH le contradicen: no existe paz por paz, la fórmula que utiliza el Lehendakari para decir que lo que haya que hacer no debe ser instrumentalizado como medio para conseguir la paz, sino que existe paz por territorios (Palestina) o paz por autodeterminación (Irlanda del Norte, ejemplo para Euskadi), o existe paz por democracia.

En cualquier caso, y a pesar de las posturas diferenciadas que se puedan encontrar en el seno del nacionalismo democrático, éste en su conjunto percibe los problemas, las contradicciones y los riesgos que existen en su apuesta y en su estrategia de acercamiento a los violentos. Y trata de encontrar una salida a esos problemas. Quisiera empezar a poner fin a estas reflexiones en torno a la relación del nacionalismo democrático con la violencia analizando el camino principal, a mi parecer, que ha establecido el nacionalismo democrático para sortear los problemas y contradicciones citados.

Existe una palabra clave para este análisis: es la palabra método, y sus variantes. El documento que contiene el acuerdo de Estella/Lizarra fue presentado desde un inicio como un método para superar la violencia. En referencia al ejemplo de Irlanda del Norte, se ha insistido siempre en que lo que interesa de los acuerdos de Stormont es su metodología. En las comparecencias ante los medios del Lehendakari después de su exposición en el club Siglo XXI volvía a insistir en que el acuerdo de Estella/Lizarra no es otra cosa que un método, un conjunto de reglas, unos mecanismos para avanzar hacia la paz.

Junto a la palabra método se ha utilizado profusamente el término proceso. Método, proceso, camino, reglas, metodología: todo indica que el problema de la violencia depende de dar con el mecanismo de resolución de conflictos adecuado. Creo que no me equivocaré mucho afirmando que ha sido el movimiento social Elkarri, surgido como consecuencia de las negociaciones llevadas a cabo en torno al trazado de la Autovía de Leizarán, el que ha puesto de moda la idea de que la pacificación es cuestión de dar con el método correcto: una vez que se encuentra éste, es cuestión de aplicarlo, supuesta siempre la voluntad política de encontrar una solución.

El discurso del método posee una tremenda virtualidad para quienes lo utilizan, porque permite trasladar problemas relacionados con conflictos materiales, con contenidos conflictivos concretos, no simplemente formales, no formalizables, no abstractos, a un plano en el que pierden su potencial conflictivo.

La traslación de la problemática de la violencia y de la necesaria pacificación al plano de lo metodológico, a la necesidad de encontrar y consensuar reglas de funcionamiento significa trasladar la discusión a un campo en el que, supuestamente, desaparecen las dificultades más serias. No se trata ya de hablar de soberanías, de sujetos colectivos, de reparto o no de poder. La cuestión es de diálogo, de respeto a reglas aceptadas por todos, de voluntad de hablar y de escuchar, del derecho de todos a poner encima de la mesa todo lo que cada uno quiera.

Trasladado el problema de la violencia y de su superación a ese plano metodológico, sería de extrañar que hubiera alguien que se opusiera. Sería inexplicable que alguien pudiera decir que no está a favor del diálogo. Parecería inaceptable que alguien dijera que sí al diálogo, pero con condiciones previas. Levantaría sospechas quien dijera que preferiría dejar ciertos temas fuera de la discusión. La metodologización del problema, si se me permite esa expresión complicada, cumple para sus promotores dos funciones muy importantes: por un lado rebaja, al parecer, el potencial conflictivo de las cuestiones que se plantean, dando a entender que su resolución puede ser fácil, cuestión de dar con el camino adecuado. Y por otro lado coloca a quienes lo promueven en un plano, al parecer también, inatacable, haciendo parecer a quienes no entran en el juego metodológico como contrarios al diálogo, como intransigentes, como cerrados, como inmovilistas.

Pero el hecho de que, a pesar de plantear así la cuestión del acercamiento a la violencia y de las propuestas concretas para su resolución, los ciudadanos vascos no hayan cambiado su respuesta electoral, y si la van cambiando no es en la dirección de premiar a quienes han firmado el acuerdo de Estella/Lizarra, debiera hacer pensar, porque no es creíble que todos los que votan a quienes no participan de Estella/Lizarra estén en contra del diálogo, sean inmovilistas, no quieran la paz, sean intransigentes.

Y es que la traducción del problema de la violencia y de su superación al plano metodológico, tal y como lo hace el nacionalismo democrático en seguimiento, como digo, del movimiento social Elkarri, contiene muchos problemas, más de los que puede o pretende poder solucionar.

Porque hoy en día son pocos los que creen, si existe alguno, que existe la neutralidad metodológica. En el plano de la teoría de las ciencias ya nadie pretende que exista un método limpio, puro, sin condicionantes, inmune. Ya ni la lógica matemática, por lo menos después de que Kurt Gödel estableciera el teorema que lleva su nombre, puede plantear mantener su trabajo en un espacio cristalino, puro, sin condicionantes de contenido de ninguna clase.

Todos los métodos contienen presupuestos. Todas las metodologías cargan con impurezas. Todos lo caminos, por muy formales que pretendan ser, por muy procesales que se quieran, implican decisiones sobre aspectos materiales.

Si uno analiza manifestaciones de dirigentes del nacionalismo democrático, si se analizan con cuidado las propuestas de Elkarri, si se lee con detenimiento el acuerdo de Estella/Lizarra, se verá con nitidez que el proceso, el método, el camino en ellas trazado como medio para alcanzar la paz, está cargado de implicaciones materiales.

El movimiento Elkarri, que es el más ha insistido en el aspecto metodológico, en la importancia de dar con el método correcto para superar la violencia, incluye en todas sus propuestas aspectos materiales. Así, por ejemplo, en el folleto titulado «Foro de partidos, edición monográfica sobre el proceso de paz» (eraikikasi, 5 de abril de 2000), dice: «Hoy, la demanda de diálogo, cada vez menos cuestionado como método, tiene una concreción gráfica y clara, con nombres y apellidos: la puesta en marcha de un Foro de partidos». Lo dice en la presentación, en la que también se encuentra la siguiente frase: «Pero también la voluntad y los proyectos necesitan procedimientos democráticos para desarrollarse». Del Foro de partidos dice que es el «procedimiento más lógico y eficaz para ejercitar el diálogo democrático y sin exclusiones». Y el primer paso del procedimiento consiste en el «establecimiento del procedimiento de trabajo, la agenda y las normas para la decisión. En otros procesos consume la mayor parte del tiempo. Es de alcance estratégico acordar y compartir el método de trabajo antes de entrar en contenidos».

En estas frase aparece con toda claridad la importancia que este movimiento, miembro del Foro de Estella/Lizarra, concede al procedimiento, a la metodología. Pero en muchos de sus documentos aparece siempre de nuevo como meta del procedimiento el reconocimiento de la existencia de Euskalherria, es decir, algo sustantivo y no puramente procedimental. En el folleto al que me he referido se puede leer la siguiente frase: «O lo que es lo mismo, pactar las reglas de juego político y, especialmente, cómo dirimir a futuro los conflictos de manera pacífica y democrática». Es decir, en la situación actual no existen, al parecer, reglas de juego político, no existe democracia, porque la democracia, si algo es, es un marco de reglas de juego, regla de mayorías y minorías. Y la situación institucional que vivimos en Euskadi es fruto de esas reglas de juego, que al parecer, deben quedar en suspenso, deben ser cuestionadas, porque los violentos, la violencia, las han negado hasta ahora. Y porque las han negado, hay que abrir un proceso para volver a fijarlas. ¿O no se trata de volver a fijarlas? ¿No se tratará, más bien, en nombre del procedimiento y de la importancia de las reglas de juego, de fijar unas que permitan, hagan posible y realizable un contenido, que es aquel que constituye la razón de los violentos para no aceptar la decisión mayoritaria de los vascos?

No son preguntas retóricas, porque van acompañadas de dos propuestas o dos exigencias. Por un lado la exigencia, también metodológica y de carácter, aparentemente, de democracia fundamental, de iniciar un diálogo sin límites ni exclusiones, y por otro una propuesta de agenda.

La exigencia de un diálogo sin límites, la «inexistencia de límites previos», la exigencia de un diálogo sin límites ni condiciones previas, como también se dice, suena a música democrática celestial: la proclamación de la libertad absoluta, de la disponibilidad absoluta, de la generosidad total.

Bastaría indicar que cualquier diálogo requiere normas, y que las normas son límites. Bastaría recordar que los humanos que hablan son seres históricos por definición, y que ser histórico implica estar condicionado, y que esas condicones se olvidan sólo bajo peligro de ceguera. Bastaría recordar algo que ya he indicado: no podemos olvidar las lenguas que sabemos para inventar un nuevo lenguaje. El inicio incondicionado no es posible a nivel humano.

Pero todo ello tiene una traducción práctica en el caso vasco: la reclamación de que no existan límites ni condiciones se debe a la voluntad de superar la violencia, es decir, a la existencia de la peor y más tremenda limitación y condicionamiento que puede sufrir una sociedad. La sociedad vasca se tiene que desinventar, para volverla a inventar de forma que quienes no han estado dispuestos a respetar la voluntad mayoritaria acepten la nueva definición, es decir, si la nueva definición es acorde a lo que quieren quienes han utilizado la violencia contra la voluntad de la mayoría.

Lo que en apariencia es pura y fundamental democracia, puro

procedimiento y método, no es más que una forma elegante, elípti-
ca de decir que, en alguna medida habrá que aceptar lo que quieren
los violentos, porque si no, no habrá paz, no habrá «consenso am-
pliado», no habrá profundización de la democracia.

La inexistencia de límites para el diálogo es una forma indirecta
de decir que, para que el proceso de paz resulte, es preciso saltar la
frontera que deslinda la democracia de la no democracia, porque
quienes han aceptado el resultado de todas las elecciones, incluida la
de refrendo del Estatuto, los que han jugado según las reglas de juego de la democracia, deben dejar en suspenso su existencia histórica, institucional y jurídica, para dar paso a un juego en el que también puedan jugar los violentos.

El presidente del Partido Nacionalista Vasco ha subrayado en más
de una ocasión que lo que al nacionalismo democrático interesa del
método norirlandés, del método Stormont, es el resultado: el reconocimiento del derecho de autodeterminación. En esa opinión aparecen
con claridad los dos elementos contrapuestos: se trata de un proceso,
de un método. ¿Quién puede estar en contra de ello?. Los métodos
son objetivos, neutrales. Pero lo que interesa del método es el resultado, lo objetivo, el contenido: el derecho de autodeterminación. No interesa entrar ahora a discutir que el contenido del derecho de autodeterminación en el caso norirlandés significa la dejación de la exigencia
nacionalista de unidad política de la isla, por lo menos de momento,
que significa borrar de la Constitución de la República de Irlanda la
referencia a la unidad política de la isla, que significa alcanzar un grado de autonomía para el Ulster muy lejano del que goza Euskadi, y recibir dicho grado de autonomía de Gran Bretaña.

Interesa sólo subrayar que todo método incluye contenido, que
todo método prejuzga, que toda decisión metodológica implica decisión sobre la sustancia. Aunque se diga de nuevo que el contenido
prejuzgado por el método es a su vez otro método que no implica
necesariamente una decisión concreta determinada, como hace el
nacionalismo democrático cuando exige el reconocimiento del derecho de autodeterminación: sólo es un método, no prejuzga la decisión que se adopte.

Pero mientras tanto se ha presupuesto formalmente que existe un sujeto a quien le compete decidir sobre sí mismo. Y con ello se trata, como dicen los filósofos, del *quod erat demonstrandum*: lo formal, el reconocimiento formal de un derecho se convierte en la sustancia en torno a la cual se está peleando.

Por eso, en la propuesta de agenda de Elkarri para el Foro de partidos aparece como punto 3.1: «Revisión, concreción y pacto sobre el sujeto y ámbito de decisión: quién decide, sobre qué y cómo». Esta propuesta olvida que ya hay definición de sujeto, una decisión de compromiso, pactada, histórica y contingente, que significa asumir que el sujeto es complejo e internamente plural en lo que afecta, desde la perspectiva del Estado nacional, a su identificación nacionalitaria. Y esta propuesta olvida que existe violencia porque ETA no aceptó la decisión de la mayoría de vascos sobre la forma de entender el sujeto vasco. Por eso, no por otra razón, exigen los violentos su revisión, y por eso la revisión del sujeto y del ámbito de decisión forma parte de la agenda de los metodológicos.

Desde el nacionalismo democrático se contesta a esto último diciendo que no sólo los violentos reclaman una revisión del sujeto y del ámbito de decisión, sino que también lo reclaman los nacionalistas democráticos, o muchos de ellos. Y esto no deja de ser verdad. Pero en la medida en que la revisión que pudieran pedir muchos nacionalistas democráticos se confunde con la revisión que reclaman los violentos, se plantea una y otra vez la misma pregunta: desde la legitimidad democrática de los nacionalistas democráticos se legitiman los fines de los violentos, o desde la ilegitimidad de estos últimos se extiende la sospecha de la ilegitimidad democrática sobre todo lo que plantean en el marco de la violencia que usan, y a partir de su desprecio de lo decidido ya en legitimidad democrática por la mayoría de ciudadanos vascos.

El nacionalismo democrático no termina de percatarse de que no se trata de dos orillas igualmente legítimas del mismo río, no termina de convencerse de que se trata de dos puntos que no se pueden unir sin conciencia clara de la asimetría que los separa desde el punto de vista de la legitimidad democrática: el recurso a la violencia como consecuencia de la incapacidad democrática de aceptar la expresión de la voluntad de los ciudadanos vascos.

Consciente de estos problemas, de que ya existe una decisión democrática de la mayoría, de que ya existe sujeto y ámbito vasco de decisión, y consciente también de que la sociedad vasca no ha variado sustancialmente en sus perfiles identitarios y nacionalitarios, el nacionalismo democrático, junto con el movimiento social Elkarri y los demás socios del acuerdo de Estella/Lizarra han recurrido a una puesta en cuestión de la realidad presente, a una suspensión de la historia real en nombre de lo que pudiera producirse en el futuro.

Llama poderosamente la atención el papel que juega el recurso al futurible en todas las argumentaciones de los miembros del acuerdo de Estella: no existen referencias al presente, a las decisiones ya adoptadas, al marco institucional y jurídico ya existente más que para proclamar de él algo tan obvio como el que todo lo histórico puede ser cambiado, y para subrayar la existencia de ciudadanos que no han aceptado la decisión democrática de la mayoría.

Pero fuera de la tautología de lo primero, y de la cuestionabilidad democrática de utilizar lo segundo como argumento legítimo, toda la argumentación se esconde en una referencia continua a un futuro indefinido, presentado siempre como potencial, como posible, casi como virtual, sin fe en que realmente pueda ser alcanzado como planteamiento libremente asumido por la mayoría de los ciudadanos vascos. Y en nombre de ese indefinido futurible se suspende la realidad presente, se cuestiona su legitimidad.

Claro que la reclamación del reconocimiento formal del derecho de autodeterminación en este contexto de futuro indefinido posee la virtud que en la teología medieval se predicaba de los sacramentos, su capacidad de funcionar *ex opere operato*, como un *deus ex machina*, con la magia propia de las palabras sacramentales: el reconocimiento formal produce materialmente lo que de otra manera es dudoso, improbable, no seguro. Y una vez conseguido el reconocimiento formal, está puesta la condición previa para reclamar su cumplimiento material.

CONCLUSIÓN

Este repaso del estilo argumentativo del nacionalismo democrático en relación a la violencia deja patente un movimiento circular característico. Desde la conciencia, aunque no siempre clara, de que los fines de los violentos pudieran tener problemas de legitimidad democrática, el nacionalismo democrático tiene que argumentar para superar ese problema de legitimidad. Por eso se afirma una y otra vez que se comparten los fines, aunque se discrepe radicalmente, por motivos políticos y éticos, de los medios que utilizan los violentos. Por eso se afirma que la única explicación, la única causa de la violencia, radica en la existencia de un conflicto político. Por eso se afirma con rotundidad que la crítica de la violencia y de su manifiesto nacionalismo es una crítica dirigida al conjunto del nacionalismo, dejando así en evidencia la unidad con los violentos, que por otra parte se niega con visceralidad y se atribuye a la mala intención de los críticos.

Precisamente porque percibe este problema —la necesidad de proclamar la unidad de fines con los violentos para superar el problema de legitimidad con la que éstos cargan a los fines comunes nacionalistas, y la necesidad de que nadie perciba ni utilice esta cercanía para identificar a todos los nacionalistas, violentos y no violentos—, el nacionalismo democrático recurre a la metodología: su argumentación, sus propuestas, su planteamiento se coloca en un plano metodológico, reclamando así la neutralidad propia atribuida a los métodos para su estrategia.

Este recurso al plano metodológico le permite seguir manteniendo por un lado sus planteamientos sustanciales, pero preguntando a quienes no participan de ello cuáles son sus dificultades, si en el fondo no se está planteando otra cosa que métodos neutros y objetivos, algo que debiera ser asumible por cualquiera que no tuviera prejuicios.

Por eso se habla de proceso, de procedimiento, de reglas de juego, de método. Por eso se habla en el discurso del nacionalismo moderado de democracia, de diálogo sin condiciones ni límites, por eso se refiere toda la realidad de la sociedad vasca, sus problemas y sus decisiones históricas, legítimas, democráticas, a un futuro indefinido con capacidad de suspender la realidad histórica presente, creyendo que basta esa suspensión para hacer desaparecer los problemas reales, históricos.

En definitiva, y esta es la tesis principal de este capítulo, el nacionalismo democrático cree poder proceder a una neutralización metodológica del problema de la violencia.

No sé si existe algo que pudiera ser objeto de una neutralización metodológica completa. Me atrevo a asegurar, sin embargo, que la violencia no puede ser neutralizada metodológicamente. Y estoy convencido de que los problemas que han acompañado al llamado proceso de pacificación son precisamente manifestación de esa imposibilidad.

No es posible confundir la capacidad de cambio de toda realidad histórica con la suspensión de la realidad histórica que plantea la neutralización metodológica que pretende el nacionalismo democrático.

No es posible colocar en el mismo nivel simétrico de legitimidad democrática, recurriendo a la exigencia de un diálogo sin límites ni condiciones, las decisiones democráticas adoptadas, y las pretensiones enmarcadas en el uso de la violencia.

No es posible solucionar un problema político que parte de la incapacidad de asumir la decisión democrática de la mayoría de los ciudadanos, problema político que explica el uso de la violencia, viendo en ésta la manifestación de un conflicto que, de no existir la violencia, se mantendría en el plano de un problema político susceptible de ser tratado con las normales reglas de juego a lo largo del devenir histórico real.

Es demasiado evidente el esfuerzo por cambiar la decisión que en su día adoptó la mayoría de la ciudadanía vasca por medio de un procedimiento metodológico supuestamente capaz de superar la violencia: es buscar revestir la ilegitimidad de la violencia con ropajes de diálogo, método, procedimiento, y con el chantaje de la paz que no deja de ser en ningún momento el chantaje de la violencia, pues en su fruto lleva la semilla de la violencia.

No es posible neutralizar metodológicamente la violencia. La violencia es un problema de legitimidad democrática, de ética democrática, de ética, pura y simplemente. No de metodología. No es posible sustituir el qué por el cómo, como han proclamado algunos legitimadores del acuerdo de Estella/Lizarra. Sin un no a la violencia, anterior a cualquier proceso, a cualquier método, a cualquier diálogo, éstos estarán siempre sometidos al condicionamiento inaceptable, ética y democráticamente, de la violencia. La ilegitimidad de los planteamientos de la violencia le ganará siempre la partida a los esfuerzos de los planteamientos democráticos por dotar de esa su legitimidad a los fines de los violentos, sin que éstos hayan tenido que renunciar previamente a su uso

Es probable que el nacionalismo democrático haya tenido, en un momento determinado, miedo a que la violencia terminara tiñendo el conjunto de los planteamientos nacionalistas con su ilegitimidad, a que la violencia terminara por hacer inaceptables para siempre los planteamientos nacionalistas.

Pero probablemente por estar imbuido al mismo tiempo por otro miedo, el miedo a que el no-nacionalismo pudiera llegar a ser mayoritario en la sociedad vasca, por culpa precisamente de la violencia, miedo hecho presente por las movilizaciones a raíz del asesinato de Miguel Ángel Blanco, le llevó a buscar la salida en una unidad nacionalista, unidad que colocaba al nacionalismo democrático en el círculo vicioso que he tratado de describir en este capítulo: no era posible la unidad nacionalista sin superar la violencia; no era posible la unidad nacionalista sin legitimar democráticamente los fines de todos los nacionalistas; no era posible legitimar los fines de todos los nacionalistas sin neutralizar metodológicamente el problema de la violencia; la neutralización metodológica de la violencia no debía implicar, sin embargo, renuncia a la sustancia de los fines nacionalistas; y esto exigía una nueva vuelta de tuerca de la metodología: un futuro indefinido como cuestionamiento de la realidad histórica presente.

Y por medio de todo ese discurso argumentativo el nacionalismo democrático —pretendiendo estar sustancialmente con los violentos, y a través de la metodología con los no-nacionalistas— cree poder ocultar la quiebra que supone la violencia, la quiebra ética, la quiebra democrática, la quiebra de legitimidad. Pero ésta vuelve a aparecer siempre de nuevo: la realidad compleja y plural de la sociedad vasca, la que en su día llevó a la definición jurídico-institucional que es el Estatuto de Gernika. Esa realidad compleja y plural no se cambia a golpe de procedimiento. Esa realidad compleja y plural no se cambia a golpe de método. Esa realidad compleja y plural no se cambia a golpe de futuros indefinidos.

En todo caso se cambiará en el devenir histórico real. Por medio de la acción política, por medio de propuestas, por medio de elecciones. No como condición previa a la paz. No por medio del chantaje.

Y en el devenir histórico real se elevarán voces que proclamen que no es deseable cambiar el carácter complejo y plural de la sociedad vasca. Que no es deseable porque perderíamos capacidad de libertad. Porque perderíamos fuerza creativa. Porque no es época de buscar homogeneidades si la historia no nos las ha dejado en herencia. Porque incluso las sociedades homogéneas están buscando vías de diferenciación, de pluralización. Porque lo que posee la sociedad vasca, en lugar de ser problema, es una virtud positiva para enfrentarse con los retos de un futuro que premiará a quienes mayor diferenciación interna posean.

El nacionalismo democrático ha repetido incesantemente que su apuesta por el acuerdo de Estella/Lizarra, su apuesta por el diálogo y la negociación como vías para la superación de la violencia obedecían a que la sociedad vasca no podía continuar eternamente con ese problema, a que Euskadi no podía ser la última sociedad en Europa que cargara con la lacra de la violencia. No existen razones para negarlo. Es evidente que un partido como el PNV, que entiende como su misión construir y desarrollar Euskadi, la sociedad vasca, vea a la violencia como un obstáculo que impide avanzar a la velocidad necesaria ante los difíciles retos del futuro. No se trata de juzgar intenciones.

Pero la argumentación que ha desarrollado para razonar su estrategia de superación de la violencia, una estrategia como la que he tratado de describir en los puntos anteriores, es una argumentación que recurre a figuras que me impulsan a pensar que en esa argumentación se esconde algo más que el esfuerzo *ad hoc* desarrollado para superar la violencia. En esa argumentación se reflejan tendencias del nacionalismo democrático que también pesan en ámbitos distintos al de la estrategia de pacificación.

Quizá el problema del nacionalismo democrático y de su discurso en torno a la estrategia de pacificación radica en que conecta con problemas previos del discurso nacionalista. Sospecho que la estrategia adoptada por el nacionalismo democrático en torno al problema de la violencia no es casual. Sospecho que tiene que ver con su forma de entender el significado del Estatuto de Gernika, con su forma de valorar la situación jurídico-institucional creada a partir de él. Sospecho que tiene que ver con su modo de ver, de entender y de valorar la realidad plural de la sociedad vasca.

Pienso que la referencia, en el discurso argumentativo del nacionalismo democrático, al futuro indefinido, como algo que coloca en situación de suspensión la realidad histórica presente, en situación de cuestionamiento por principio de la realidad actual, es indicativa de algo más profundo: tiene que ver con las dificultades del conjunto del nacionalismo para aceptar la realidad histórica de la sociedad vasca, que es una realidad compleja, plural, mestiza, no homogénea. Y esa realidad parece descolocar la forma de entender el nacionalismo que utiliza el nacionalismo democrático, por lo cual huye de la historia real, de la realidad presente.

Ésa es también la razón por la que el nacionalismo democrático trata de recrear la realidad social vasca que le descoloca por medio del reconocimiento formal que implica el derecho de autodeterminación. Pero este tipo de procedimientos nunca puede recrear la realidad social. Y es también en esa realidad compleja y plural de la sociedad vasca en la que se quiebra el intento de legitimar posiciones que además de la ilegitimidad propia al uso de la violencia, albergan la ilegitimidad de no reconocer el resultado de la voluntad de esa sociedad compleja y plural.

Es eso lo que me propongo analizar en los siguientes capítulos, colocando así las reflexiones y los análisis en torno a la violencia y en torno a la estrategia elaborada por el nacionalismo democrático para superarla en un contexto más amplio, de forma que podamos entender esa estrategia y su significado de forma más completa.

Para ello analizaré en el siguiente capítulo cuál ha sido el posicionamiento del nacionalismo democrático en relación al Estatuto de Gernika y a la situación jurídico-institucional que de él se ha derivado. Analizaré qué tipo de discurso ha elaborado el nacionalismo democrático en torno a la situación de autonomía, cuáles son las características de dicho discurso, y a partir de ese análisis estableceré, por un lado, la relación explicativa de la estrategia de pacificación, y buscaré, por otro lado, una explicación aún más amplia en la naturaleza misma del nacionalismo democrático.

2

El nacionalismo democrático y la legitimidad estatutaria

H AN PASADO ya veinte años desde que los ciudadanos vascos refrendaron el Estatuto de Gernika, elaborado por la asamblea de parlamentarios vascos, aprobado por las Cortes Generales como Ley Orgánica y parte del corpus constitucional, y refrendado en las urnas por la mayoría de vascos.

El Estatuto de Gernika había sido el núcleo del programa político nacionalista, no a partir de la transición, sino ya desde los tiempos en los que la Sociedad de Estudios Vascos comenzó con el estudio y la propuesta de un estatuto de autonomía para el País Vasco. Generaciones de nacionalistas vascos han crecido con la idea de que el punto principal de su programa, su reclamación política más concreta era un estatuto de autonomía.

Al igual que la entrada de los fueristas liberales en el recién fundado Partido Nacionalista Vasco planteó la discusión en torno al programa político de éste, un programa político al estilo de todo partido político, y del mismo modo que esa discusión condujo a formular la reclamación de la situación anterior a la abolición de los fueros como núcleo del programa, de la misma forma ese núcleo programático se transformó en la reclamación de un estatuto de autonomía. Así nació, primero, el Estatuto de Estella del año 31 y, luego, el actual, el de Gernika.

Con esto no quiero decir que el nacionalismo hubiera en ningún momento abdicado de la reclamación de la independencia. Pero el

ideal de la independencia, consustancial a la proclamación sabinia-
na de que Euskadi es la patria de los vascos, ha estado siempre mo-
dulado por un programa político posible en cada circunstancia histórica, por un programa político relacionado con la historia real,
engarzado en la política real.

El mismo Sabino Arana se planteó, poco antes de su muerte, una
posible evolución del nacionalismo. En la llamada evolución españolista, evolución que cuando ha sido tenida en cuenta ha recibido
casi siempre la interpretación de tratarse de un movimiento táctico
para superar la situación de persecución a la que estaba sometido el
reciente movimiento nacionalista, Sabino Arana se guarda para sí
mismo el ideal nacionalista en su pureza, y propone que el partido
por él creado, su gran obra, propugne una España federal y trabaje
a partir de ese esquema.

Es probable que la interpretación de que se trata de un movimiento táctico para superar la persecución sea la correcta. Aunque
caben otras. Por ejemplo la interpretación de que Sabino Arana estaba probando, teóricamente, otras posibilidades, otras hipótesis de
actuación política. Si el móvil hubiera sido táctico, el trabajo del
PNV hubiera cambiado, cosa que no sucedió, pues siguió exacta-
mente igual que antes de la llamada evolución españolista.

Como quiera que se interprete esa propuesta, lo cierto es que
siempre que las circunstancias lo han permitido y siempre que el marco institucional fuera mínimamente democrático, el PNV siempre ha
optado por actuar dentro de ese marco institucional, buscando soluciones dentro de las posibilidades de dicho marco institucional.

El que fuera el propagador principal de la idea nacionalista en
Guipúzcoa, Engracio de Aranzadi, *Kizkitza*, amigo de Sabino Arana, llegó a afirmar que la forma jurídico-institucional no era lo más
importante para el nacionalismo. Que el fin político, entendiendo
por ello lo anterior, no era lo más importante. Lo que importaba
realmente para el nacionalismo era el mantenimiento del pueblo,
darle futuro a la historia del pueblo vasco.

La crítica clásica al nacionalismo

Esta característica del movimiento nacionalista, del Partido Nacionalista Vasco fundado por Sabino Arana, esta dualidad de principios, este principio de moverse al mismo tiempo en dos frentes ha sido considerado por muchos intérpretes del nacionalismo como un defecto, algo criticable, algo que le diferencia de un partido normal y lo coloca en un plano distinto.

Si alguna palabra ha sido utilizada para describir esa situación diferente del nacionalismo democrático ésa ha sido la palabra ambigüedad. Al PNV se le ha acusado sin cesar de ser ambiguo, de no proclamar con claridad sus fines, o si los proclama, de actuar, sin embargo, de forma no coherente con esos fines. Al PNV se le acusa de utilizar un doble lenguaje: el lenguaje de los mítines, de las fiestas patrióticas, y el lenguaje de la política institucional, de la política programática.

Y muchas veces se ha asumido por los críticos al nacionalismo que en la medida en que el PNV deslinde con claridad los dos lenguajes, en la medida en que mantenga sus ideales, su discurso reivindicativo de la independencia encerrado en sus fiestas patrióticas, pero actúe con la moderación que le ha caracterizado a lo largo de toda su historia, su ambigüedad pasa a ser una característica celebrada, positiva.

En los últimos tiempos, sin embargo, la crítica que se le dirige al nacionalismo democrático es la de haber perdido precisamente su ambigüedad, la de haber optado por traducir su lenguaje de fiesta en lenguaje ordinario del día a día, la de haber roto su tradición de apoyarse en dos principios sin renunciar a ninguno de ellos. Se le acusa de haber optado por la radicalidad del discurso ideal contra el pragmatismo de la política institucional. Se le acusa de querer producir una situación en la que la política institucional suponga la materialización definitiva de su ideal radical.

Una de las formas que ha adquirido en los últimos tiempos esta crítica es la de acusar al PNV de confundir comunidad nacionalista y sociedad vasca, es decir: pretender construir sociedad vasca en el sentido de comunidad nacionalista, no saber distinguir entre comunidad nacionalista y sociedad vasca, entre vascos nacionalistas y no nacionalistas, creer que sólo se puede ser vasco siendo nacionalista.

Es ésta una forma de crítica que se corresponde con la visión clásica del nacionalismo como un movimiento que pretende homogeneizar una sociedad completa, desde el propio movimiento nacionalista o desde el Estado que él crea.

Esta visión crítica radical del nacionalismo ha venido precedida, en el caso del nacionalismo vasco, por otra que la pone en relación con la histórica de la ambigüedad: se acusa al nacionalismo democrático de querer ser al mismo tiempo poder y oposición, de trasladar su ambigüedad histórica entre ideal retórico y pragmática política institucional a la situación de estar investido de poder, pero querer actuar aún como siendo oposición: poder en Euskadi, pero siempre en oposición a España, al Estado.

Y quizá debiéramos preguntarnos si no existe un significado importante en esa transición de una ambigüedad histórica a una falta de ambigüedad por pretender traducir el lenguje retórico al lenguaje de la política diaria, pasando por la pretensión de ser al mismo tiempo poder y oposición.

Es decir: es necesario plantear la pregunta de lo que ha supuesto para el nacionalismo democrático y para su planteamiento, para su doctrina, para su dualidad de principios el haber obtenido el poder institucional que le ha procurado el Estatuto de Gernika, su presencia en todas las instituciones públicas de alguna relevancia en Euskadi.

Quizá aparezca en ese análisis que existe cierta consecuencia en el paso de la ambigüedad histórica a la pretensión de ser al mismo tiempo poder y oposición, y en el paso de ahí a la superación de la ambigüedad por la búsqueda de la materialización del ideal en la práctica política concreta.

He escrito consecuencia, habiendo tenido la tentación de escribir inevitabilidad. Pero lo que me ha impedido utilizar este término no ha sido sólo la convicción general de que no es posible ni conveniente hablar de inevitabilidades en la historia, sino la sospecha de que la forma que ha tenido el PNV de reformular, renovar su discurso adaptándolo a la situación de poder autonómico, o de no hacerlo, es lo que ha inducido el paso de la ambigüedad a la univocidad de su mensaje, de su discurso.

Esta sospecha que acabo de formular es la que quisiera analizar en este capítulo. Quisiera analizar cómo ha administrado ideológicamente el nacionalismo democrático la situación de autonomía, el poder que ha ejercido, y aún ejerce, en esa situación de autonomía. Quisiera analizar si el PNV ha desarrollado un discurso nuevo, adaptado a la circunstancia autonómica, o no lo ha hecho, y qué significa no haberlo hecho, cuáles son sus consecuencias.

Porque creo que no basta con afirmar que el PNV ha dejado de lado su ambigüedad. No basta con constatar que el PNV ha pretendido ser con el Estatuto de Gernika al mismo tiempo poder y oposición. Es preciso preguntarse qué hay detrás de esa evolución, cuál es su significado profundo, si alguno posee. Mi convicción es que sí.

La tesis de este capítulo se puede formular de la forma siguiente: todo ejercicio de poder necesita de un discurso de legitimación, más allá del marco legal que lo posibilita. El PNV no ha desarrollado ningún discurso de legitimación de la situación de autonomía estatutaria, ni del poder que ha ejercido en esa situación.

Creo que analizar la falta de discurso legitimatorio del poder autonómico coloca el problema de la situación actual que vive la sociedad vasca en el plano político, allí donde debe estar colocada: más allá de los problemas tácticos del día a día, más allá de las estrategias coyunturales. No avanzaremos en el aseguramiento del futuro de la sociedad vasca en paz y libertad si no vamos dando con los problemas estructurales que han ido manifestándose en nuestra historia reciente.

Y, de acuerdo con lo manifestado en la introducción a este ensayo, no será posible fundamentar un futuro para el nacionalismo vasco si no somos capaces de ver cuáles son los errores que ha cometido, cuáles son los vacíos que ha dejado, los problemas que ha ido creando, las adherencias que se le han ido pegando a lo largo del tiempo. Ni el futuro de la sociedad vasca, ni el futuro del nacionalismo son cosa de táctica acertada. Serán, en todo caso, fruto de un conocimiento crítico de la propia historia reciente.

Para poder proceder al análisis que propongo es necesario un ejercicio de desnudamiento, un ejercicio de deconstrucción de la trama argumentativa que el nacionalismo democrático ha ido produciendo.

El punto de partida del nacionalismo democrático a la salida de la dictadura de Franco es una apuesta clara y decidida por la reforma en contra de la ruptura, y, por lo tanto, por el estatuto de autonomía en contra de la reclamación de la independencia. Es preciso indicar que esa apuesta se realiza en un contexto en el que se da, en la libertad recién adquirida, una exaltación de todo lo que durante cuarenta años había estado reprimido; en un contexto en el que se pretendía la materialización de las esperanzas; en un contexto en el que parte del nacionalismo planteaba con toda claridad la alternativa de la independencia.

El Partido Nacionalista Vasco continúa su línea histórica de actuación política. Lidera la reclamación de un estatuto de autonomía. Participa en su redacción. Se implica en una política de participación institucional. Asume que dicha política conlleva la necesidad de compromisos, pactos, renuncias. Se queja de quedar excluido de la ponencia redactora del texto constitucional que será debatido luego en el pleno de las Cortes. Estudia, y pretende, la incorporación de una formulación respecto a los Derechos históricos en el texto constitucional que le permita votar afirmativamente la Constitución.

Al no conseguir que la referencia a los Derechos históricos no se quede en un simple «ampara y respeta», en lugar de un reconocimiento y de una garantía claros que reclamaba el PNV, éste decide abstenerse, a pesar de la preocupación de algunos dirigentes históricos que habían vivido la segunda república, la guerra civil y el exilio, y propone a sus militantes y simpatizantes, a los votantes vascos, la abstención en el referéndum constitucional.

A pesar de esta postura de abstención en relación a la Constitución del 78, su postura en relación al estatuto de autonomía es activa, tanto en su redacción como en su defensa. El PNV apoya el voto afirmativo en el referéndum del estatuto, después de que éste fuera aprobado por las Cortes Generales. Una vez aprobado el Estatuto de Gernika en referéndum por la mayoría de ciudadanos vascos, comienza la tarea de poner en marcha la institucionalización prevista por el mismo, tarea que, de acuerdo con los resultados electorales, recae en el Partido Nacionalista Vasco.

El primer Parlamento Vasco, todavía de 60 miembros, posee una composición que, gracias a la no asistencia de los miembros electos de HB, le permite al PNV gobernar en solitario a pesar de no contar con la mayoría absoluta de la cámara.

Así comienza una historia de ejercicio del poder autonómico, una historia de institucionalización de Euskadi, recuperando instituciones históricas de vida muy corta, como el Gobierno Vasco, otras de larga historia como las Juntas Generales de los Territorios Históricos y las Diputaciones Forales, creando nuevas como el Parlamento Vasco, dotando a la sociedad vasca de un entramado estructurante de gran importancia, soporte de una estructura administrativa que afecta prácticamente la totalidad de la vida de los ciudadanos vascos.

No cabe duda de que el nacionalismo acometió la institucionalización de la sociedad vasca en el marco jurídico-institucional del Estatuto de Gernika con toda dedicación y con pleno convencimiento de la validez de esta vía para apuntalar y desarrollar la cultura y la identidad vascas. El nacionalismo democrático y quienes en su nombre ocuparon cargos institucionales no escatimaron esfuerzos para defender el marco estatutario contra sus detractores.

A pesar de que la postura del nacionalismo democrático a favor de la vía estatutaria y contra los detractores de la misma no permite duda alguna, algo que se corresponde con lo aprobado por la Asamblea Nacional del PNV en su Congreso de Pamplona/Iruña en 1977, en cuya ponencia política se dice que el PNV apuesta por las fórmulas políticas posibles en cada momento histórico en aras a defender y desarrollar la cultura y la identidad vascas, sin renunciar a la exigencia de un Estado propio para el pueblo vasco al que considera nación, conviene sin embargo, analizar en detalle la argumentación que el nacionalismo desarrolla al respecto para ver hasta qué punto esta apuesta va acompañada de un discurso legitimatorio suficiente.

Pues la apuesta por el Estatuto de Gernika, por la vía estatutaria se produce en el contexto de la abstención respecto a la Constitución española: existe desde un principio una situación dividida en relación al marco jurídico-institucional. Sí al Estatuto, pero respecto a la Constitución mero acatamiento, sin asunción positiva del marco constitucional.

El nacionalismo democrático es consciente de que el Estatuto de Gernika tiene validez en el marco constitucional, y en ese sentido no se cansa, no se ha cansado de reclamar el cumplimiento de lo que es una ley orgánica aprobada por las Cortes Generales. Pero al mismo tiempo entiende que el Estatuto es una forma de actualizar los derechos históricos que le son propios al Pueblo Vasco, y que son anteriores a la Constitución, con lo cual el Estatuto adquiere una posición menos relativa a la Constitución española: se le coloca, en la argumentación del PNV, en una historia en la que la Constitución española no es elemento constitutivo, sino que en todo caso posee un significado de despejar impedimentos para que la historia vasca continúe su curso.

La apuesta del nacionalismo por la vía estatutaria es una apuesta muy firme, pero la legitimación de dicha apuesta se coloca en buena medida fuera de la legitimidad constitucional, al aceptar el Estatuto desde su propia legitimidad histórica, no dependiente del reconocimiento constitucional.

Esta argumentación del nacionalismo democrático respecto del Estatuto de Gernika tiene una gran significación: la legitimidad del marco institucional no proviene de un texto legal, no está fundamentada en un marco jurídico, sino referida a una historia. Como veremos a lo largo del trabajo, esta referenciación histórica es de suma importancia, y una característica positiva del planteamiento del nacionalismo democrático, pero en relación a otro conjunto de problemas.

En relación a la legitimidad del Estatuto de Gernika, abre la puerta a una situación inestable: así como la referencia a un marco legal aporta estabilidad, la referencia a la historia como fuente de legitimidad deja todo en manos de la interpretación histórica. Si el Estatuto de Gernika recibe su legitimidad no de la Constitución española, sino de la historia de los Derechos históricos de los Territorios Vascos, todo dependerá de cómo se interprete dicha historia, qué valor y contenido se les conceda a los Derechos Históricos, qué valor y significado se le conceda a la continuidad histórica, si ésta es un valor en sí mismo, o si se prefiere la innovación y el cambio históricos sobre la continuidad.

Bien es cierto que el propio nacionalismo posee una interpretación concreta de la historia y de los derechos del Pueblo Vasco en ella. Los Derechos históricos son interpretados por el PNV como reflejo de una soberanía histórica, previa a cualquier Constitución española: los Territorios Vascos pactaban, desde su propia potestad indiscutida, con los reyes de Castilla y después de España.

Esta interpretación de la historia vasca, que supone la proyeccción de contenidos políticos a épocas en que no pueden tener aplicación, confunde lo que son derechos objetivos, fijados en normas, procedimientos y jurisdicciones, con derechos subjetivos, como es la soberanía del pueblo, aplicándolos además a una época en la que nadie ponía en duda la soberanía del rey, en la que nadie ponía en duda al soberano.

Pero el significado más profundo, y más preocupante, de la búsqueda de la legitimidad del Estatuto de Gernika fuera del marco legal de la Constitución española, y vinculada a los Derechos históricos, reside en que coloca al mismo Estatuto, cuya legitimidad histórica busca, en una situación de deslegitimación continua.

Pues la posibilidad de legitimar el Estatuto fuera de la Constitución sólo existe en la medida en que la historia atestigua una soberanía originaria. Pero si los vascos originariamente eran soberanos, su derecho subjetivo radica en esa misma soberanía, a la que el Estatuto sólo corresponde de forma muy mitigada, por utilizar una formulación suave.

La búsqueda de la legitimidad del Estatuto fuera del marco constitucional y desde la historia abre una vía clara de deslegitimación del propio Estatuto: su legitimidad histórica sólo es posible interpretando los Derechos históricos como manifestación de una situación de soberanía. El Estatuto de Gernika no se corresponde, sin embargo, con esa soberanía originaria, sino que es fruto de un pacto, de un compromiso: con el Estado, porque es un compromiso interno a la sociedad vasca misma.

Por esta razón el nacionalismo democrático se ha visto forzado a dar una interpretación pragmática de su apuesta estatutaria. Ésta no estaba anclada en el ideal nacionalista, no se ajustaba al fin irrenunciable del nacionalismo, la independencia, el Estado nacional propio, sino que se correspondía con la otra cara del nacionalismo, con su pragmatismo, con su realismo, con su tendencia institucional, participatoria.

En la argumentación del nacionalismo democrático empiezan a aparecer imágenes que visualizan un estado intermedio, como la imagen de que para subir a un monte empinado no siempre es bueno atacarlo de frente, sino que muchas veces es más efectivo dar vueltas en torno al mismo para avanzar con seguridad. Eso es el Estatuto de Gernika en esta interpretación del nacionalismo democrático: un camino, más largo pero más seguro, que conduce, que debe conducir, a la cima de la independencia.

Es en este contexto en el que se entiende también la negativa a aceptar el planteamiento de punto final. Cuando desde instancias del Gobierno central o de los partidos estatales se ha planteado la posibilidad de proceder a un más rápido, o más adecuado cumplimiento del Estatuto de Gernika, se ha solido reclamar que para ello era necesario que el nacionalismo dijera que el Estatuto era el punto final de su camino. Y si no podía decir que fuera el punto final ideológico, sí por lo menos como reivindicación política práctica para mucho tiempo.

De esta forma el Estatuto de Gernika empieza a quedarse sin sitio real, sin sitio institucional. A pesar de ser el marco jurídico que permite la institucionalización de la sociedad vasca y la recuperación de instituciones perdidas, su propio estatus institucional empieza a quedar en tierra de nadie, en un limbo peligroso. No es la soberanía originaria de la que recoge la legitimación para los nacionalistas que no aprueban positivamente la Constitución.

Tampoco es la soberanía plena a alcanzar, porque sólo es camino que conduce a ella. Y vale sólo en la medida en que mantenga las puertas abiertas para dicha soberanía plena, en la medida en que acerque a la sociedad vasca a dicha soberanía plena.

En esta situación, el Estatuto de Gernika se queda sin legitimidad propia, bajo la presión de la fuente legitimante que es la soberanía originaria; bajo la presión de la soberanía plena a alcanzar y a la que no se renuncia; bajo la presión de la falta de una legitimidad propia, siendo fuente de institucionalización, pero sin poder alcanzar él mismo una situación institucional consolidada. No es, para el nacionalismo democrático en la interpretación que estamos analizando, ni lo bueno que fueron los derechos históricos, ni lo satisfactorio que debiera ser la soberanía plena.

Todo esto es cierto respecto al discurso legitimatorio en torno al Estatuto, o mejor dicho, respecto a la falta de discurso legitimatorio del Estatuto. Pero también es cierto que el Partido Nacionalista Vasco no ha dejado de actuar institucionalmente con plena entrega a la tarea de desarrollar el Estatuto de Gernika, de manera que sería imposible decir que su actuación en las distintas instituciones públicas haya estado caracterizada por la provisionalidad que implica su discurso. Muy al contrario: la estructura institucional y administrativa desarrollada por el nacionalismo democrático, sólo o en coalición con otros partidos como Eusko Alkartasuna y principalmente el Partido Socialista de Euskadi, es una estructura muy sólida, en muchos aspectos muy eficaz, y su desaparición sería casi impensable: ha llegado a formar parte del paisaje mental y de costumbres de los ciudadanos vascos.

Y de esta forma, lo que para muchos era la típica y criticada ambigüedad del nacionalismo democrático, algo que el propio nacionalismo no negaba, ha llegado a convertirse con el paso del tiempo y debido a circunstancias concretas, en una dicotomía difícil de soportar, especialmente para algunos nacionalistas.

Pues por un lado se producía la consolidación del entramado institucional y administrativo de la autonomía basada en el Estatuto de Gernika. Pero a esa consolidación no le ha acompañado un discurso de legitimación, produciendo la peor de las situaciones pensables: una realidad institucional con un tremendo déficit de legitimación en el discurso nacionalista, principal responsable de haber reclamado la fuente de la realidad institucional, y principal responsable también de su puesta en marcha y desarrollo.

Por eso no sorprende que cuando se presenta la ocasión de cuestionar la validez del camino recorrido, incluso su validez como camino que conduzca a alguna parte, a la soberanía plena, la disposición a declarar el agotamiento de la vía estatutaria sea grande. Eso ha sucedido cuando la necesidad de buscar un fin a la violencia ha confrontado al nacionalismo democrático con la posibilidad y la necesidad de declarar agotada la vía estatutaria.

Muchas veces se piensa que es la estrategia de pacificación la que ha conducido al PNV a separarse del Estatuto que tan suyo es. Algunos han llegado a pensar que la renuncia al marco jurídico-institucional que simboliza el Estatuto es fruto de la exigencia de los violentos.

Yo pienso, sin embargo, que sea como fuere con estas dos últimas explicaciones, la verdad es que el campo ya estaba abonado dentro del nacionalismo democrático para llegar a la renuncia al Estatuto de Autonomía. Y el campo estaba abonado porque el nacionalismo democrático había renunciado, en su conjunto y especialmente en el ámbito de la dirección del PNV, a desarrollar un discurso de legitimación del poder autonómico.

Y a falta de ese discurso, el poder autonómico se ha encontrado indefenso, fuente de institucionalización sin peso institucional propio para quienes lo reclamaron y construyeron, poder sin legitimidad, algo así como una realidad virtual.

Para poder captar todo el significado de esta falta de discurso legitimatorio de la situación estatutaria, del poder autonómico, es preciso analizar más en detalle qué es el Estatuto de Gernika, cuáles son sus posibilidades, cómo puede ser interpretado, cuáles han sido las críticas que se le han dirigido.

El Estatuto de Gernika y sus significados

Acabo de indicar en el apartado anterior que el nacionalismo democrático extraía la posible legitimidad del Estatuto de Gernika no desde sí mismo, tampoco desde la Constitución española, sino desde los Derechos Históricos. El significado del Estatuto para el PNV sólo era posible en ese contexto: el Estatuto de Autonomía recibe su significado desde su fuente histórica y desde el futuro al que debe conducir. Es decir: es un significado medible en términos de soberanía.

Interpretar el Estatuto de Autonomía en términos de soberanía significa entenderlo sólo en su dimensión hacia el exterior, como un acuerdo con España, con el Estado, como aquello que sirve para pacificar, de momento, las relaciones de Euskadi, de la sociedad vasca, con el Estado español.

Desde esta perspectiva, el Estatuto ha solido ser presentado como lo que era posible en aquel momento de la transición a la democracia, lo que se podía conseguir teniendo en cuenta el peso de las fuerzas fácticas, entendiendo por éstas especialmente las armadas. En esta perspectiva el acuerdo estatutario es un compromiso en el sentido de no haber conseguido lo que realmente se quería, de haber tenido que renunciar a las aspiraciones más profundas.

Para entender el alcance de este significado, para alcanzar a comprender el contexto real en el que el nacionalismo democrático ha entendido siempre el Estatuto es de gran ayuda analizar cuál ha sido la crítica más importante que ha dirigido el nacionalismo radical y violento a la apuesta estatutaria.

Desde ETA y su entorno político nunca se ha criticado el articulado del Estatuto. Nunca se ha hecho hincapié en la falta de esta competencia o de la otra. Para el nacionalismo radical y para el violento el problema nuclear del Estatuto de Gernika es su carácter de compromiso, su no apuesta por la soberanía del Pueblo Vasco, su renuncia a la soberanía plena, a la territorialidad total de Euskalherria.

Para el nacionalismo radical y violento el Estatuto significa an-

dar en medias tintas, significa compromiso en el sentido de com-
prometer los derechos de Euskal Herria, es jugar con estos derechos
en lugar de exigir su respeto y su cumplimiento. Ahí es donde falla
la apuesta estatutaria. Y falla de raíz, desde el principio. No porque
el Gobierno central no haya sido diligente en las transferencias. No
porque todavía queden competencias sin transferir. El pecado es
original, no sobrevenido.

Y si analizamos con detenimiento el discurso estatutario del nacionalismo democrático, veremos que gira en torno a esta crítica,
asumiendo su verdad central, e intentando hacer ver que el Estatuto sí sirve, e incluso mejor, al mismo fin. La visión que ha imperado
en el nacionalismo democrático sobre el Estatuto ha sido colocarlo
en el contexto de lo que era posible en un momento determinado en relación a la meta ideal de la independencia y de la soberanía
plena.

El Estatuto significa lo que era posible en una determinada relación de fuerzas. El Estatuto significa un paso en el camino de la recuperación de la soberanía. El Estatuto significa la mejor apuesta
para conseguir el fin de la independencia. El discurso que desarrolla
el Partido Nacionalista Vasco desarrolla este argumento central. El
Estatuto vale. Y vale porque, sin renunciar al ideal, es un paso concreto y muy importante en esa dirección. Y vale porque, dadas las
circunstancias, era el mejor paso que se podía dar.

Este argumento a favor del Estatuto, además de estar situado en
el mismo contexto de valoración que la crítica de ETA, pero con sig-
no positivo en lugar de negativo, ve en el Estatuto un medio concreto en el camino de la resolución del problema de la relación de Euskadi con España, con el Estado español. La función principal del
Estatuto en este contexto argumentativo es la de fijar el tipo de relación hacia fuera de la sociedad vasca: no soberana, pero dotada de
un muy alto grado de autogobierno.

Es cierto que el nacionalismo democrático se ha tomado muy en
serio la institucionalización interna de la sociedad vasca de la mano
del Estatuto y sus posibilidades. Es cierto que la tarea desarrollada
por el nacionalismo en su actividad institucional ha sido muy gran-

de y muy positiva para la sociedad vasca. Vuelvo a repetir algo ya dicho anteriormente: el PNV ha actuado en la práctica política a partir del convencimiento del valor genuino del Estatuto de Gernika y ha llevado a cabo una labor espléndida.

Pero su interpretación política del Estatuto no ha pasado de esos dos contextos: el nivel competencial que implica, respecto del ideal de la independencia y la soberanía, y la institucionalización, acorde con las competencias, que posibilita. La interpretación del Estatuto es estrictamente jurídico-institucional. Pero a la interpretación y valoración del Estatuto por parte del nacionalismo democrático le ha faltado una dimensión social. Y por social no me refiero al sentido que esta palabra adquiere cuando se habla de políticas sociales. Con el término social quiero indicar el desarrollo de la sociedad según parámetros de cohesión e integración a partir de la realidad de una pluralidad de lenguas, culturas, identidades e identificaciones.

Y sin embargo el Estatuto de Gernika, sin negar sus valores relativos a la capacidad competencial y lo que ello significa de capacidad de autogobierno y soberanía relativa, y sin negar tampoco la capacidad correpondiente de organizar sus propias instituciones, también puede tener una interpretación y una valoración social distinta y más allá de la valoración estrictamente competencial y jurídico-institucional.

Este ámbito de interpretación social encierra dos aspectos a analizar por separado. En primer lugar implica que el Estatuto de Gernika no sólo es un acuerdo hacia fuera, un acuerdo que regula las relaciones de la sociedad vasca, de Euskadi con España, con el estado español, sino que también es un acuerdo interno a la sociedad vasca, un acuerdo entre vascos, un punto de encuentro para vascos de distinta ideología, de distintos sentimientos, de distintas identidades e identificaciones.

Y en segundo lugar, partiendo de la valoración social de que el Estatuto de Gernika implica un acuerdo interno a la sociedad vasca, el Estatuto significa el marco dentro del cual se puede ir desarrollando una nueva identidad, un nuevo tipo de ciudadano, una nueva cultura ciudadana, base de una sociedad integrada, cohesionada, de una nación civil erigida sobre distintas etnicidades y culturas, sobre distintas identidades e identificaciones.

Creo que el nacionalismo democrático ha otorgado demasiado poca importancia a estos dos aspectos, para mí muy importantes, del Estatuto de Gernika. Y el problema de la no consideración de estos dos aspectos básicos en el desarrollo de cualquier sociedad radica en lo que he dicho antes al referirme a la crítica de los violentos al Estatuto: el contexto exclusivo para su valoración es el referido a la cantidad de soberanía que incluye, es el referido a la impureza que supone el Estatuto al no ser Constitución, al no recoger la soberanía plena del pueblo vasco.

Y digo que es ahí donde radica el problema porque esa forma de considerar el Estatuto y su valor parte de que el pueblo ya está hecho, ya está definido, parte de que la sociedad ya está desarrollada en su definición, parte de que la identidad ya es conocida: todo ello es producto de la historia y base de la reclamación de los derechos nacionales.

Y si todo ello es conocido, si ya está hecho y definido, no es preciso que a partir del Estatuto se desarrolle nada sustancial, no es preciso valerse del marco estatutario para modelar una nueva identidad, un nuevo ciudadano, una nueva cultura ciudadana. Lo único que hace falta es que la historia siga su curso, que el Estatuto camine hacia una Constitución vasca, que la sociedad, en ese marco creciente de soberanía, se corresponda en su mayoría con el pueblo vasco de los nacionalistas.

En este esquema el acuerdo estatutario no puede tener ninguna interpretación de acuerdo interior a la sociedad vasca. En todo caso sería un acuerdo provisional: mientras la mayoría de los ciudadanos vascos no se conviertan en miembros del pueblo vasco según la doctrina nacionalista.

Puede, pues, que mi afirmación anterior no haya sido del todo correcta: el nacionalismo democrático sí ha tenido una interpretación y valoración social del Estatuto, una que esperaba del funcionamiento institucional, del desarrollo del sistema educativo propio vasco, de la puesta en marcha de los medios de comunicación propios, de los programas culturales de las instituciones vascas una asimilación mayoritaria de la población vasca a los moldes correspondientes a miembros del pueblo vasco definido por los nacionalistas.

Lo que no ha tenido el nacionalismo democrático es la visión de que, siendo el Estatuto de Gernika no sólo provisionalmente un acuerdo entre vascos distintos, presentaba el marco y la ocasión para pensar en el desarrollo de una nueva identidad, de una nueva sociedad, en la que tuviera cabida su idea de pueblo vasco, pero no sólo ésa, sino también la idea de pueblo vasco de otros ciudadanos vascos no nacionalistas.

Por esta razón, por esta carencia del nacionalismo democrático a la hora de interpretar y valorar el Estatuto de Gernika, al igual que éste se quedaba sin legitimación propia, porque su única legitimación era la que provenía de los Derechos históricos y su capacidad de conducir a la soberanía plena en el futuro, la sociedad vasca real del presente se queda sin sitio en esa interpretación estatutaria entre el pueblo vasco que vivió los Derechos históricos y el pueblo vasco que será soberano.

La tesis formulada al inicio de este capítulo debe ser completada, por estas razones, de la forma siguiente: así como el nacionalismo democrático no ha desarrollado un discurso legitimatorio del poder autonómico, de la situación estatutaria, tampoco ha desarrollado un proyecto autónomo para la sociedad que vive la situación de estatuto de autonomía, no ha desarrollado un proyecto de identidad, de ciudadanía para la sociedad real presente.

Es en este contexto en el que hay que entender el discurso nacionalista que habla del agotamiento del Estatuto. Hubo un momento a lo largo de la historia de los últimos veinte años en el que parecía que la apuesta estatutaria del PNV funcionaba, y funcionaba en su interpretación de camino hacia la soberanía, hacia la conformación de una sociedad subsumible mayoritariamente al concepto de pueblo vasco nacionalista. Fue después de las elecciones autonómicas de 1984, cuando con Karlos Garaikoetxea de candidato, el PNV obtuvo algo más de 435.000 votos.

Con esos votos y sumando los votos de HB y de la entonces

existente EE, y considerando a ésta como nacionalista, se llegó a afirmar que los nacionalistas representaban casi tres cuartos en el Parlamento Vasco. Todo marchaba sobre ruedas. El Estatuto como camino hacia la soberanía, aunque más largo también más seguro, funcionaba. El Estatuto como marco en el que los ciudadanos se iban amoldando a las exigencias de miembros del pueblo vasco en sentido nacionalista iba funcionando.

Pero a partir de la ruptura del PNV y el nacimiento de EA, el supuesto funcionamiento del Estatuto en esa clave empezó a dejar de ser tal. No se pudo mantener la cota electoral anterior. EE no era tan nacionalista como se quería creer. Después de la desaparición de UCD y de AP, el voto del Partido Popular empezó a aparecer junto al del PSOE. Y poco a poco la situación electoral, dependiendo del tipo de convocatoria, empezó a mostrar el rostro de una sociedad dividida en dos mitades si atendemos a la divisoria nacionalista-no nacionalista.

Y si bien es cierto que el desarrollo del Estatuto, en lo que a la transferencia de competencias hace, ha sido un desarrollo difícil, no pacífico, que cada transferencia ha sido una dura pelea, que sigue sin ser cumplido, que ha sido torpedeado por LOAPAS y leyes orgánicas, y que todo ello ha servido para crear cansancio y deslegitimación, también es cierto que en el discurso del nacionalismo sobre el agotamiento de la vía estatutaria, del marco estatutario juegan otras razones.

Y son las que he apuntado ya antes: es la razón de que, a pesar del señuelo de la victoria electoral de 1984 y de su dimensión, el Estatuto y la institucionalización que permite y que hace posible no se han convertido en máquinas de producir nacionalistas, o por lo menos protonacionalistas. Muchos ciudadanos vascos han puesto de manifiesto a lo largo de los últimos veinte años, pero de manera cada vez más clara en la última década, que son capaces de compatibilizar un uso de las nuevas administraciones vascas, una adhesión clara a estas instituciones, una identificación y una simpatía hacia ellas, con el mantenimiento de la identificación nacionalitaria con España y con sus instituciones.

Ante este hecho, el nacionalismo democrático en lugar de replantearse la forma de legitimar el Estatuto de Gernika desde sus raíces en los Derechos históricos y desde su meta en la soberanía plena, en lugar de plantearse la posibilidad de desarrollar un dicurso legitimatorio del Estatuto desde sí mismo, desde su valor de punto de encuentro de los vascos, desde su naturaleza de acuerdo interno entre vascos distintos, ha reaccionado declarando el agotamiento de la vía estatutaria.

Y al no desarrollar un discurso de legitimación del Estatuto desde sí mismo, desde su valor de construcción de una sociedad diversa y dividida políticamente en sus identificaciones, tampoco desarrolla un nuevo modelo de sociedad, un nuevo modelo de identidad, un nuevo modelo de ciudadano. Y esta su incapacidad es la que nutre el sentimiento de agotamiento del Estatuto.

En realidad, sin embargo, no es el Estatuto el que ha fracasado. No es el Estatuto el que está agotado, el que no abre posibilidades de desarrollo, no permite avanzar hacia la meta de la soberanía plena. Es, por el contrario, el nacionalismo democrático el que ha sido incapaz de valerse de las posibilidades abiertas y contenidas en el Estatuto para construir sociedad hacia dentro, para imaginar una sociedad unida en su pluralidad, para pensar una identidad cuya seña de identificación sea su pluralidad, para modelar un ciudadano cuyas señas de identidad, cuyas características partan de su capacidad de vivir una pluralidad de referencias institucionales sin renunciar a ninguna de ellas, siendo así modelo de ciudadano europeo de futuro.

Si el nacionalismo democrático hubiera sido capaz de ver la necesidad de desarrollar un discurso legitimatorio propio de la situación de autonomía, del poder estatutario del que estaba investido y que administraba, hubiera debido repensar su interpretación y su valoración del Estatuto en el contexto exclusivo de las fuentes de los Derechos históricos como única legitimación, y desde la soberanía plena como meta de llegada.

Esto, sin embargo, hubiera significado enfrentarse a sí mismo, a su propia renovación, a la reformulación de sí mismo. Y como ve-

remos en el capítulo siguiente, ésta es precisamente la tarea incon-
clusa del nacionalismo, que tantas muestras de saber hacer ha manifestado en los ámbitos institucionales y administrativos.

Para terminar este apartado me gustaría referirme a dos aspectos
radicalmente distintos, pero que ponen claramente de manifiesto el
sentido profundo y real del discurso del agotamiento del Estatuto
por parte del nacionalismo. Es conocido que en la tradición del Partido Nacionalista Vasco ocupa un lugar destacado la división de los
cargos: alguien que ocupe un cargo público no puede estar investido de autoridad a determinados niveles en la estructura interna del
partido. Se trata de la llamada bicefalia: el presidente del Partido no
puede ser presidente del Gobierno y viceversa.

Es una tradición que contiene muchos elementos favorables, y que
por ello es tenida en cuenta también por otros partidos renovadores
en Europa, como los Verdes en Alemania, aunque en estos momentos
lo hayan puesto a debate. Pero lo que interesa para la interpretación
y valoración del Estatuto por parte del nacionalismo democrático que
estoy analizando, es cómo se entiende, cómo se ha entendido esta bicefalia en el PNV en los últimos tiempos, y qué sentido se le ha dado.

Una frase corriente que pone de manifiesto la comprensión de
fondo de la bicefalia es la que dice que el Gobierno está para gestionar, mientras que la política la hace la ejecutiva nacional del PNV.
Esta afirmación se puede leer en dos niveles: mientras exista una situación de provisionalidad, mientras no se haya alcanzado la meta
final de la independencia y de la soberanía plena, mientras no se
cuente con Estado nacional propio —o como diría Engracio de
Aranzadi, amigo de Sabino Arana y uno de los dirigentes más articulados del nacionalismo inicial, mientras no se alcance el estado de
aseguramiento de la naturaleza incorrupta, no degenerada del pueblo vasco y de su cultura, a cuyo servicio deben estar instrumen-
talmente las estructuras políticas, sean las que sean—, es el partido
el encargado de mantener con claridad y pureza las líneas políticas,
mientras que sus representantes en los cargos públicos pueden, obligados por éstos y por las circunstancias, asumir compromisos que
no concuerden del todo con la doctrina.

En esta lectura se trata de establecer un mecanismo de garantía de la pureza de la doctrina por encima de los compromisos que la actuación política, especialmente en situación de provisionalidad, conlleva.

La segunda lectura es muy parecida a esta primera a la que aplica una concreción. Los responsables de cargos públicos en nombre del Partido Nacionalista Vasco asumen el encargo no de liderar la sociedad, no de establecer metas, no de desarrollar proyectos de gran calado social. Están encargados de la gestión del día a día, de engrasar bien los mecanismos de la administración, de cuidar del buen funcionamiento de la sanidad, de las escuelas, del buen estado de las carreteras...

La proyección de la sociedad y de su futuro, empero, están en manos de la ejecutiva nacional del PNV, cuya misión fundamental está en el mantenimiento de la doctrina y de su pureza.

De esta forma y por definición se hurta a las instituciones que materializan, concretan y dan forma al Estatuto de Gernika la responsabilidad, la función y el cometido de desarrollar sociedad, identidad, ciudadanía. Todo eso no entra en la gestión. Todo eso pertenece al ámbito de la político, dominio reservado a la ejecutiva nacional del PNV, y dominio en el que no mandan los valores del Estatuto de Autonomía, sino las legitimidades pre- y postestatutarias.

En este contexto que marca las posibilidades de la actuación institucional y administrativa, y dejando para el apartado siguiente el análisis de lo que ésta ha sido en concreto y de los discursos propios que ha desarrollado, la incapacidad del nacionalismo democrático para replantear la cuestión de la legitimidad del Estatuto y desarrollar un discurso de legitimación desde éste mismo, desde su propio valor y no estando sometido a sus fuentes históricas legitimantes y a servir para alcanzar una meta final justificadora, ha tenido una consecuencia muy importante en el campo educativo, aunque quizá no analizada suficientemente de forma directa.

No es cuestión de colocarse en el contexto de lo que ha sido la escuela nacional republicana al estilo francés, ni de rememorar los tiempos de la escuela nacional franquista. Pero sí es cierto que la escuela y el sistema educativo siguen siendo piezas clave de la construcción social, pues siguen siendo lugares importantes para la transmisión de las tradiciones y para la mediación de los valores y normas de cuya participación depende la cohesión interna de la sociedad.

Para que la escuela y el sistema educativo puedan cumplir esas funciones, lejos, como he indicado, del sentido de la escuela nacional franquista, es preciso que la sociedad esté constituida por unos valores y normas mínimos compartidos por la gran mayoría, es preciso que la sociedad cuente con un modelo de ciudadano, con paradigma de ciudadanía compartido que constituya el meollo de la educación, entendida ésta como algo más que la mera transmisión de conocimientos.

Y si no me equivoco mucho y no interpreto mal muchas conversaciones con educadores vocacionales de Euskadi, creo que por el vacío de discurso de legitimación de la situación real de autonomía que he tratado de describir y analizar en este apartado, la alternativa que se ha presentado a los educadores ha sido la de concebir el esfuerzo educativo según el paradigma clásico, inaceptable, de la escuela nacional en el sentido de construir la escuela como la constructora de identidades monolíticas, de miembros de un grupo nacional, de un pueblo definido no desde el valor de la ciudadanía, sino desde el valor de la lengua, de una lengua nacional, de una interpretación histórica, de un proyecto político de Estado nacional en contraste y en contradicción con la realidad plural de la propia sociedad.

O no contar con ningún paradigma válido para la labor educativa, no contar con un marco normativo y de valores compartido desde la pluralidad de identidades y de identificaciones propias a la sociedad vasca. Y ha sido muy difícil, y sigue siendo muy difícil educar en esas circunstancias, lo cual hace que sea más admirable la labor que la mayoría de educadores han llevado a cabo y están llevando a cabo en Euskadi al no caer en el modelo cerrado de escuela nacional, y al no contar, por otro lado, con una matriz social que constituya el fondo desde el que y para el que, en actitud por supuesto crítica, se trabaja en la formación de las generaciones futuras.

Es prácticamente imposible que en una sociedad se vayan consolidando modelos de ciudadano y de ciudadanía si es que el partido principal, el mayoritario aun en su situación de minoría, y encargado de la responsabilidad institucional, no desarrolla un mínimo discurso legitimatorio de la situación de poder autonómico que ejerce y que administra. Ese vacío, además de otras consecuencias a las que me referiré en su momento, conlleva también el abandonar a los educadores en un vacío que deben cubrir con muchas dificultades o bien individualmente con una gran inversión personal y con no poca inseguridad, o bien por medio de proyectos escolares allí donde ha sido posible construir comunidades escolares sólidas, y siempre frente al paradigma poderoso y peligroso de una escuela nacional homogénea en lo etnolingüístico y en lo político.

Me limito a estos dos ejemplos como manifestaciones del vacío que surge desde la falta de desarrollo de un discurso de legitimación de la situación estatutaria, falta debida a que, por las razones aducidas, el nacionalismo democrático no lo ha querido desarrollar, o no ha sabido hacerlo. Sería posible analizar las consecuencias de esta falta en el ámbito de los medios de comunicación públicos, y en el ámbito, que es de una extremada importancia, de la articulación social en sí misma y de la sociedad civil con el mundo político. Queda para otra ocasión.

LA ARTICULACIÓN TEÓRICA DESDE LAS INSTITUCIONES

En el apartado anterior he analizado someramente lo que denomino falta de discurso legitimatorio de la realidad autonómica estatutaria por parte del nacionalismo democrático. En este apartado quisiera matizar dicha afirmación en el sentido de que sí ha existido un esfuerzo del nacionalismo para dotarse de un discurso como el que estoy reclamando en estas reflexiones, y cuya falta constato en el nacionalismo democrático. El nacionalismo en las instituciones sí ha planteado elementos suficientes para la construcción de un discurso legitimatorio.

El nacionalismo en las instituciones significa los nacionalistas que han ocupado cargos institucionales. Y es normal que en esa situación haya habido esfuerzos por teorizar y legitimar su propia situación de poder: no es posible estar ejerciendo poder durante mucho tiempo sin buscar el fundamento de su propia legitimidad.

No se trata de hacer ahora un repaso completo de los veinte años de presencia y responsabilidad nacionalista en las instituciones públicas, especialmente en el Gobierno Vasco. Voy a proceder, pues, de forma limitada y selectiva, sin que ello suponga ni olvido ni desprecio de lo que no incluyo en el análisis y en la descripción.

Ya en el discurso de investidura del Lehendakari Ardanza, por medio de una cita de Salvador Espriu, había un reconocimiento explícito de la realidad plural de la sociedad vasca. Decía el Lehendakari Ardanza que la verdad no existe como algo entero sino siempre como un cristal roto en muchos pedazos: cada cual puede poseer una parte de la verdad, mayor o menor, pero nunca la verdad entera.

A partir de este reconocimiento, el antiguo presidente del Gobierno vasco, José Antonio Ardanza ha retomado una y otra vez el tema de la realidad plural vasca en lo que a la pluralidad de identidades y de identificaciones se refiere, y su consecuencia que es el Estatuto de Gernika.

Aunque también Ardanza ha repetido en más de una ocasión que nadie le puede pedir al nacionalismo que considere el Estatuto como punto final, sí ha desarrollado un discurso de legitimación de la situación estatutaria. Existen en sus discursos muchas referencias al Estatuto como punto de encuentro entre los vascos, como la articulación de una situación de pluralidad que difícilmente puede ser institucionalizada de otra forma.

No es casual que, menos su primer gobierno, todos los demás, hasta los pocos últimos meses del último, hayan sido gobiernos de coalición, y de coalición con los socialistas de Euskadi, es decir, con no nacionalistas.

La realidad de sus propios gobiernos era un reflejo del hecho de que el Estatuto y sus instituciones eran punto de encuentro entre vascos que se entienden de forma distinta. El Estatuto significa, es lo que ha transmitido muchas veces Ardanza en sus discursos, que en él se encuentran los vascos que parten de posiciones políticas, en lo que afecta a la cuestión fundamental de la constitución y de la definición de la sociedad vasca como nación y en la cuestión de los derechos que le corresponden, radicalmente separadas.

Y el Estatuto significa, que a pesar de esa diferencia básica radical, es posible que los vascos vivan juntos, se organicen institucionalmente juntos de una forma y de una manera que satisfaga parcialmente el punto de partida de cada uno.

Y por esta razón se ha estado celebrando durante muchos años, a pesar de no ser fiesta de la Comunidad Autónoma, el 28 de Octubre de forma institucional con una recepción en el Palacio de Ajuria Enea. Porque el Estatuto no era un entremedio, no era un vacío entre la legitimidad histórica del pasado y la legitimidad de un futuro inexistente. Porque el Estatuto era la prueba real de que los vascos, radicalmente separados en nuestros puntos de partida, podíamos desarrollar un campo institucional de acción común, que nos permitía ir resolviendo nuestros problemas.

De una forma todavía mucho más radical, el Lehendakari Ardanza ha desarrollado en sus discursos una doctrina básica en relación a la violencia y sus postulados que tiene consecuencias para la interpretación y valoración del Estatuto. Con una claridad meridiana y una visión política admirable el Lehendakari Ardanza ha llegado a afirmar que lo que separa a los nacionalistas democráticos de los nacionalistas que recurren a la violencia no es sólo una cuestión de método, sino de fondo.

Para Ardanza los nacionalistas democráticos no sólo discrepamos de los violentos en la valoración del uso de la violencia. La diferencia que existe entre unos y otros no es que los radicales recurran a la violencia o la justifiquen, o no consigan ponerse en condición de condenarla, mientras que los democráticos nunca han justificado la violencia y siempre la han condenado. En palabras de Ardanza la diferencia afecta también a los fines.

Y lo hace desde una reflexión sencilla, pero muy importante: no es posible separar de una forma tan radical medios y fines. Los medios terminan por contaminar los fines. Los medios, en especial cuando se trata de la violencia, que no es un medio cualquiera, sino que predetermina, condiciona y contamina todo lo que entra en contacto con ella, afectan seriamente a los fines: éstos terminan por estar condicionados en su sustancia por los medios que se ponen para su consecución.

Aunque Ardanza no da el paso siguiente de afirmar que existe una diferencia radical en la forma de entender la nación, la construcción nacional entre los nacionalistas democráticos y los aferrados al uso de la violencia, esta conclusión está implícita en su afirmación de que la diferencia entre unos y otros afecta también a los fines. Se trata, como digo, de una afirmación de un gran alcance político, especialmente recordando lo que he afirmado, descrito y analizado en el primer capítulo en relación al posicionamiento y a la argumentación del nacionalismo democrático sobre la violencia, y muy en concreto el discurso que habla de la coincidencia de fines.

Esta diferenciación clara entre los fines de los violentos y los fines de los nacionalistas democráticos abre un espacio clarísimo para una valoración propia del Estatuto de Gernika, para una valoración de éste que parta de su propio valor, y no tenga que depender continuamente de su comparación con medidas que se encuentran fuera de él, ni con fuentes de legitimación externas a él. Con esa diferenciación planteada desde la representación institucional del nacionalismo democrático éste adquiere el espacio y la capacidad necesarios para desarrollar un discurso de legitimación del poder autonómico, del poder resultante del Estatuto de Gernika.

En la misma línea argumental se encuentra la doble afirmación del Lehendakari Ardanza en el ya famoso documento que lleva su nombre y que contiene una propuesta para la pacificación y normalización de Euskadi, de que la situación que vive la sociedad vasca es de democracia, que no existe un déficit democrático por el hecho de hallarse en una situación estatutaria, y de que el tan traído y llevado conflicto vasco es, en primer lugar, un conflicto entre vascos, y no un conflico hacia fuera, hacia la realidad estatal de España.

Si el conflicto no es primordialmente un conflicto con la realidad estatal española, y si la situación que vive la sociedad vasca es una situación sin déficit democrático, y por eso el conflicto es interno a la propia sociedad vasca, porque existe una minoría que no ha aceptado la voluntad libremente manifestada por la mayoría, entonces la situación estatutaria sí tiene un valor en sí misma, el valor de la democracia, la legitimidad de la democracia, no está necesitada de recibir su legitimidad ni de los orígenes ni del futuro. La situación estatutaria, según todo lo que está implícito en esta doble afirmación del Lehendakari Ardanza, es una situación que posee valor y legitimidad propios, y que por tanto se puede desarrollar desde sí misma, permite desarrollo de la sociedad vasca, puede ser un marco suficiente para la generación de modelos de identidad y de ciudadanía acordes a la pluralidad que la hace, a la situación estatutaria, necesaria y conveniente.

La línea argumentativa del discurso institucional del Lehendakari Ardanza se adentra en unos aspectos que por afectar a la cultura algunos consideran de menor importancia política, pero que en el contexto del significado del nacionalismo etnolingüístico adquieren, en mi opinión, un sentido más profundo que los planteamientos estrictamente jurídico-institucionales.

En un discurso de campaña, dirigido al mundo de la cultura, Ardanza centró su exposición en el concepto de mestizaje cultural, dando al concepto de mestizaje su significado más amplio, más profundo, más exigente: aquel que incluye la impureza por mezcla, la imposibilidad de distinguir los elementos que constituyen una cultura compleja, el orgullo de pertenecer a una cultura cuyos orígenes, componentes y elementos son distintos, heterogéneos, y se han mezclado para constituir una cultura, un único contexto cultural, de forma que quienes pertenecen a ella no tienen más remedio que ser mestizos, que entenderse como tales, porque si reclamaran alguna pureza de origen, estarían amputándose a sí mismos.

En esta argumentación están implícitos conceptos como el de identidad plural, compleja, el de ciudadano compuesto, el de sociedad plural y compleja, compuesta por identidades plurales con distintos grados y formas de pluralidad. Y aunque Ardanza no desarrolle plenamente estos temas, en su argumentación está todo ello planteado seminalmente, de forma que se pueden extraer conclusiones con pleno derecho, conclusiones que chocan frontalmente con la pretensión de univocidad que todavía se escucha en los planteamientos nacionalistas, aunque el nacionalismo sea democrático, y no sólo en lo referente a la cultura y a la lengua, sino en las consecuencias que de esa univocidad se extraen para el plano de los derechos colectivos, para el plano de la definición de la sociedad vasca como nación.

Dentro de los discursos argumentales de los representantes nacionalistas se puede citar el mantenido por mí mismo como presidente de HABE, instituto para la alfabetización y euskaldunización de adultos, con motivo del décimo aniversario del mismo. Con dicha ocasión afirmé, como elemento nuclear de mi discurso, que la política lingüística del Gobierno Vasco estaba basada en una asimetría que debía ser revisada. Y esa asimetría consistía en que los euskaldunes habían definido sus derechos como vascoparlantes, y las obligaciones que quienes no lo eran debían cumplir para satisfacer los derechos de los vascoparlantes.

En lugar de esa asimetría defendía yo la necesidad de establecer una simetría en la que también los castellanoparlantes pudieran decidir sus necesidades y sus derechos, en la que los castellanoparlantes no fueran sólo objeto de una política lingüística decidida por la administración, sino también sujetos activos en la definición de la misma.

Aunque sea implícitamente, esta argumentación del ámbito de la política lingüística plantea la cuestión del punto de encuentro entre vascos distintos, y no trata de decidir la solución a la realidad social vasca y sus problemas desde el plano de una definición predeterminada por una parte de la sociedad, por unos vascos para todos los vascos.

Una valoración y legitimación del Estatuto desde sí mismo, y no desde una situación que responde a una interpretación nacionalista de la historia, o desde una situación de futuro que satisfaga el imaginario clásico del nacionalismo, implican precisamente la renuncia a resolver los problemas de la realidad presente desde uno de los lados, desde una de las particularidades que constituyen la realidad vasca.

Por esa razón, las argumentaciones institucionales que estoy citando contienen la apertura de un espacio de comprensión del Estatuto en el que quepa toda la realidad social vasca, y exigen, en consecuencia, el desarrollo de un discurso legitimador propio y adaptado al valor propio y específico del Estatuto de Gernika.

Me atrevo a afirmar que un análisis detallado y minucioso de los discursos institucionales de los representantes nacionalistas en las instituciones públicas ofrecen, por lo menos de forma incipiente, material suficiente para proceder a la elaboración de un tal discurso legitimador de la situación estatutaria.

Todo poder necesita de un discurso legitimador. Y quienes ejercen directamente dicho poder no pueden sustraerse por mucho tiempo a la necesidad de elaborar un discurso de esas características. No es de extrañar, pues, que el nacionalismo, en su representación institucional pública, haya procedido a ello. Y tampoco es de extrañar que el nacionalismo de partido, el que no ha estado sometido al ejercicio directo del poder, no haya sentido con la misma fuerza la presión para elaborar un discurso de tales características.

Por eso le ha sido mucho más fácil al nacionalismo de partido, teniendo en cuenta además la bicefalia ya citada y analizada, sustraerse a esa necesidad, y mantener su interpretación y valoración del Estatuto en ese espacio intermedio, sometido a la legitimidad de las fuentes históricas y a la definitiva del futuro a conquistar.

Quiere esto decir que los inicios de un discurso legitimador de la situación estatutaria, tal y como los encontramos en los discursos del nacionalismo institucional, especialmente en los discursos de Ardanza, no han pasado a formar parte del cuerpo doctrinal del nacionalismo en su conjunto, no han pasado a conformar el corpus doctrinal del Partido Nacionalista Vasco, de forma que dentro del mismo partido han existido dos líneas argumentales distintas, dos discursos, e incluso dos doctrinas, que han vivido en paralelo, sin que la una, la institucional, haya llegado a impregnar, o a adjetivar en lo más mínimo, el discurso propio del partido.

Y me atrevería a afirmar que la socialización de los miembros del Partido Nacionalista Vasco se ha producido en esa doble versión paralela, de forma que muchos afiliados viven, al mismo tiempo y de forma paralela, ambos discursos, ambas líneas argumentales: la que responde a la necesidad de desarrollar una legitimación propia al Estatuto de Gernika, y la que sigue colocando a éste en ese limbo de legitimación entre los Derechos Históricos y la soberanía plena del futuro.

El análisis detallado de los documentos producidos por los órganos del Partido Nacionalista Vasco, por su Ejecutiva Nacional o por su Asamblea Nacional refrendaría lo que acabo de afirmar, aunque uno pueda encontrarse con documentos aprobados por la Asamblea Nacional del PNV que dejan entrever modos argumentativos propios al nacionalismo institucional.

Ello es debido a que miembros nacionalistas presentes en las instituciones públicas han asumido el encargo de redactar los borradores de ponencias para la discusión dentro del Partido Nacionalista Vasco. Esos borradores de ponencias, sin embargo, siempre han estado circunscritos a aspectos educativos, culturales y de política lingüística, que es en los que se puede encontrar un planteamiento que responde a la pluralidad de la realidad social vasca, y a la necesidad de un punto de encuentro institucional con valor y legitimidad propia para ello.

Pero incluso en estos casos existe la tendencia dentro del Partido Nacionalista Vasco a que dichas ponencias no terminen incorporándose al discurso cotidiano, diario, normal, explicativo y formativo de los dirigentes del partido. Son como cuerpos extraños que no terminan de estar integrados en el imaginario ideológico concreto, que no terminan de conformar una tradición propia, que no suponen, en definitiva, una adaptación ideológica, un cambio en profundidad de los planteamientos nacionalistas, de los sentimientos nacionalistas iniciales, fundacionales.

Los elementos que he analizado en este apartado y que permiten pensar que en la representación institucional del nacionalismo democrático sí se han desarrollado aspectos de discurso capaces de dotar a la situación estatutaria, a la situación autonómica de significación, valor y legitimidad propios, sirven al mismo tiempo para subrayar la falta de un tal discurso en el nacionalismo democrático: el hecho de que llame la atención, de que sea preciso incidir en que se trata de aportaciones de la representación institucional pública del nacionalismo no hace más que remarcar la importancia del vacío del propio discurso nacionalista.

Éste se ha caracterizado, y se caracteriza en mi opinión, por estructurar su discurso de forma que se haga imposible dotar de sentido y significación propios al Estatuto de Gernika más allá de su instrumentalidad material y financiera, de dotar de valor y de legitimidad propios, inherentes a él mismo, al estatuto de autonomía.

Desde esta falta de discurso legitimador de la situación autonómica, del poder autonómico se hace prácticamente imposible el desarrollo de la sociedad como un conjunto cohesionado e integrado, es imposible conseguir un encaje de la sociedad, de los ciudadanos y el marco jurídico-institucional en el que viven, que se han dado a sí mismos y que constituye la base de la mayor parte de la administración que les afecta.

En este sentido, y más allá de la desimbolización del Estado que de todas maneras y de forma saludable se está produciendo, la institucionalización estatutaria y la administración que de ella han surgido han quedado totalmente fuera de cualquier posibilidad de que se les dote de sentido y significación alguna.

Por eso ha podido surgir en el seno del nacionalismo democrático el discurso del agotamiento del Estatuto. No se trata de una posición táctica, requerida por un determinado planteamiento de pacificación. No se trata tampoco y simplemente de una respuesta a la deslegitimación del Estatuto por incumplimiento de los gobiernos del Estado, aunque este factor ha jugado, por supuesto, un papel importante.

Se trata de que de la forma de valorar e interpretar el Estatuto por parte del nacionalismo democrático era estructuralmente imposible que se desarrollara un discurso de legitimación del mismo, y a falta de un discurso semejante, el del agotamiento del Estatuto tenía que aparecer antes o más tarde. Y lo ha hecho.

CONSECUENCIAS

Aunque a lo largo de los apartados anteriores ya he ido citando consecuencias de esta falta de discurso legitimador de la situación estatutaria en el nacionalismo democrático, especialmente en lo que se refiere a la falta de desarrollo de modelos nuevos de identidad, de modelos nuevos de ciudadano, y lo que todo ello significa para el mundo educativo como falta de un esquema de valores civiles a transmitir a las nuevas generaciones a través del esfuerzo educativo en su sentido más específico, es necesario detallar algo más las consecuencias de este déficit de discurso en el nacionalismo democrático.

La primera consecuencia que quisiera analizar más en detalle significa poner en relación los resultados del análisis de este capítulo con los resultados del primer capítulo, poner en relación el déficit de discurso legitimador para el Estatuto con la esperanza de neutralizar metodológicamente la violencia.

Creo que la tesis de este segundo capítulo que afirma que el nacionalismo democrático no ha desarrollado un discurso de legitimación del poder autonómico del que ha estado investido, y que por ello no ha dotado al Estatuto de una sociedad correspondiente, engarzando ambos, sociedad y marco jurídico-político, puede explicar la esperanza que ha tenido el mismo nacionalismo democrático de neutralizar metodológicamente la violencia.

Ésta no ha sido una elección arbitraria. El llegar a pensar, a creer, que es posible una tal neutralización metodológica es fruto, a mi entender, de la falta del discurso legitimador. El Estatuto no tiene sustancia propia, es una suspensión del tiempo entre dos momentos fuertes, el de la soberanía de los Derechos históricos y el de la soberanía plena del futuro.

Pero como el Estatuto responde a la forma de ser concreta de la sociedad vasca actual, que no es la correspondiente ni a los tiempos históricos fundacionales ni al futuro soñado de satisfacción soberana, el nacionalismo democrático no puede presentar la solución a la violencia como respondiendo a ninguna de las dos cosas, al inicio fundacional y al futuro soñado, porque ello significaría imponer a la sociedad vasca actual, que no responde a ninguna de esas dos situaciones, de la mano del chantaje de la violencia, lo que no ha querido de forma mayoritaria.

Por eso la solución no puede ser más que metodológica, no puede suponer nada sustancial, y eso le lleva a creer que la violencia puede ser superada por medio de un método que no implique sustancia, contenido, decisión real sobre la forma de autoentenderse la sociedad vasca. A eso le he denominado intento de neutralizar metodológicamente la violencia.

Y ahora afirmo que esta voluntad, esta creencia de poder neutralizar metodológicamente la violencia está íntimamente relacionada con el vacío dejado por la falta de discurso legitimador del Estatuto de Gernika. Porque si un discurso semejante hubiera sido desarrollado por el nacionalismo democrático, entonces no hubiera existido ningún vacío equiparable al vacío metodológico, a la neutralidad metodológica. Siempre hubieran existido elementos sustanciales —valores de democracia, de libertad, de visión conjunta, cohesionada de la sociedad vasca— que harían imposible el plantearse una solución de receta, desde la neutralidad metodológica.

La falta de discurso legitimador del estatuto de autonomía empuja al nacionalismo democrático al intento de neutralización metodológica de la violencia, porque sólo bajo ese equívoco de la neutralidad puede plantear lo que en verdad responde a los dos momentos históricos que son los paréntesis que suspenden en el tiempo la realidad estatutaria: el inicio fundacional de los Derechos históricos y el futuro soñado de la soberanía plena y de la territorialidad completa.

El intento de vestir la solución a la violencia como neutralización metodológica de la misma viene directamente de la mano del vacío dejado por la falta de discurso legitimador del Estatuto de Gernika.

Porque lo único que puede responder a una realidad puesta entre paréntesis, a una situación en suspenso por lo que a la historia de verdad afecta es una neutralidad metodológica. Es tal la distancia que hay, y que el nacionalismo democrático también percibe, aunque no lo refleje en sus planteamientos, entre el origen soberano y la meta de soberanía plena aplicados a la territorialidad de Euskalherria por un lado, y la realidad de la sociedad vasca en sus manifestaciones electorales por otro, que a falta de un discurso que adecúe el nacionalismo a la realidad social concreta, no puede más que colocarse en la neutralidad metodológica, la que mejor corresponde al vacío de discurso legitimador.

Uno de los viejos dichos de la metafísica escolástica decía que la naturaleza tiene horror al vacío: tiende a llenarlo. Algo parecido sucede también en el campo social y político: el vacío dejado por el nacionalismo democrático al no desarrollar un discurso de legitimación de la situación de autonomía no ha quedado sin llenar. Y ese vacío ha sido llenado, por una parte por una interpretación a la baja del Estatuto, por una interpretación que aborrece el término nación aplicado a Euskadi, que corre el peligro de ver el Estatuto de Gernika desde la perspectiva de una simple, aunque profunda, descentralización.

Y ese vacío ha sido llenado, por otra parte, y de forma mucho más peligrosa, por las pretensiones paratotalitarias de la violencia de ETA, por su discurso fundacionalista —ETA es el acontecimiento fundante de la historia vasca, del pueblo vasco—, por sus pretensiones absolutas, por su capacidad de camuflar sus exigencias como algo previo a la conquista de la paz, de construir un paralelo entre sus aspiraciones y el cumplimiento de la democracia.

Este viento huracanado que entra en el vacío de discurso dejado por el nacionalismo democrático tiene una doble consecuencia: por un lado son ETA y su entorno político quienes deciden sobre la legitimidad del discurso nacionalista en su conjunto, y por otro lado obligan al nacionalismo democrático a interpretar su propio nacionalismo desde los planteamientos absolutos y rupturistas que hace ETA.

El vacío dejado por la falta de discurso legitimatorio de la situación de autonomía es llenado, en primer lugar y de la forma más contundente y definitoria, por los parámetros decididos por ETA y por el nacionalismo radical. Entre esos parámetros se encuentra en primer término la puesta en duda de la legitimidad de la historia estatutaria, de la legitimidad democrática de las instituciones estatutarias. Y en segundo lugar, como alternativa, el discurso de la construcción nacional, entendiendo por tal aquella que implica territorialidad completa, Euskalherria, estatus de estatalidad, soberanía sin calificativos, instituciones nacionales como la lengua, y símbolos nacionales en el sentido clásico de Estado nacional.

Ante este cambio de situación, el nacionalismo democrático ha tenido que recurrir a una estrategia doble: adaptar sus textos políticos, sus ponencias políticas a esos parámetros, y en segundo lugar afirmar que ése ha sido su discurso desde el inicio, y que por lo tanto la adaptación no es algo extraño al propio nacionalismo y a su historia, sino que, en definitiva, no es más que una autoadaptación, aunque esa adaptación implique optar por cegar una parte de su propia historia, por borrar una parte, no la menos importante, de su propia tradición, olvidar que, en los momentos decisivos, la apuesta del nacionalismo democrático siempre ha ido en la otra dirección, en la que se halla en la historia cegada, en la tradición borrada.

Y retomando algo dicho anteriormente en este mismo capítulo, el vacío significa que el nacionalismo democrático ha renunciado a interpretar y valorar el Estatuto y la autonomía como un espacio en el que pudiera darse, con esfuerzo y no sin dificultades y tensiones, la confluencia de los distintos tiempos históricos que, impermeabilizados mutuamente, aún perduran en la realidad social vasca: la contemporaneidad de lo históricamente no contemporáneo de los postmodernistas, pero estratificado e impermeabilizado.

El espacio estatutario podía haber sido un espacio en el cual confluyeran, sin perderse, pero enriqueciéndose mutuamente, perdiendo sólo su exigencia de exclusividad, las distintas tradiciones culturales, las distintas identidades, las distintas historias, los distintos proyectos identitarios presentes en la sociedad vasca. Al no desarrollar ese espacio, dotándolo de legitimidad, dejando así su institucionalización en precario, las distintas tradiciones, proyectos, tiempos e identidades que constituyen la sociedad vasca quedan cada una a su albur, sin confluir, sin tratar de constituir un conjunto complejo, pero identificable en su riqueza, pluralidad y complejidad.

Lo cual quiere decir que en la constitución de la sociedad vasca falta un elemento de compleción, sin el que toda la obra amenaza con desintegrarse, con venirse abajo. Muchas veces se ha afirmado, hemos afirmado, y creo que con razón, que a pesar de la apariencia de división que transmite la sociedad vasca cuando en las urnas opta políticamente, la sociedad vasca no es una sociedad dividida, que no está constituida por diferentes comunidades, aunque en ella estén presentes distintas tradiciones culturales e identitarias. Hemos repetido hasta la saciedad que en Euskadi no se da la triste situación de división comunitaria que contemplamos en el Ulster.

Pero lo cierto es que, a pesar de lo que acabo de decir, si una sociedad no se institucionaliza debidamente, y si una sociedad no desarrolla un discurso legitimador de las instituciones que establece, no termina de consolidarse, camina ciega. Y en una sociedad con esa falta de legitimación institucional definitiva —la definitividad, a medida humana por supuesto, es requisito imprescindible de la institucionalización—, la división en las opciones políticas en lo que afecta a la autocomprensión de la propia sociedad supone el riesgo de que termine dividiendo la sociedad.

Y no es ninguna casualidad que este riesgo de división, al igual que la falta de legitimación de las instituciones estatutarias, venga de la mano de la violencia. La sociedad como sociedad política, y de otra forma no existe, se constituye contra la violencia, empleando un mínimo de violencia legítima contra la violencia indiscriminada, no regulada, no controlada, de todos contra todos.

El fin último de la violencia radica, por esa razón, en impedir la consolidación legitimada de un entramado institucional que haga que la sociedad se sienta tal: constituida, consolidada, firme, espacio de desarrollo de derechos y libertades, espacio de desarrollo de ciudadanos y proyectos identitarios.

Renunciar a un discurso legitimatorio del Estatuto de Gernika, fallar en el desarrollo de un discurso que suponga legitimación de la situación estatutaria es dejar un vacío por el que lo que entra es siempre algo que, antes o después, vendrá acompañado del uso de la violencia. En el caso de Euskadi la violencia estaba presente desde un inicio: como negación de la institucionalización incipiente. Y está también presente en estos momentos: como el elemento que exige, para su desaparición (!!!) la puesta en cuestión de las instituciones y de su legitimidad, con lo cual no hace más que crearse un espacio para perdurar como violencia en sus efectos.

Las fallas en la institucionalización y las fallas en la legitimación de las instituciones están siempre en relación directa con el potencial de violencia que se desarrolla y que se hace patente en una sociedad.

Remedando lo dicho en el primer capítulo, del mismo modo como no es posible neutralizar metodológicamente la violencia, no es posible plantearse la superación de la violencia desde el cuestionamiento de la realidad institucional y de su legitimidad. Aceptar dicho cuestionamiento, la puesta en paréntesis de la realidad presente con sus instituciones y su legitimidad, o la falta de discurso de legitimación de la realidad institucional presente, aunque sea con la mejor y mayor intención de encontrar una solución al problema de la violencia, significa empezar el camino de la solución por el final del éxito de la violencia: desintegrar la sociedad política, que no es nada sin instituciones ni sin legitimidad, y ello frente a la violencia.

No es, pues, en absoluto baladí la cuestión de si el nacionalismo ha desarrollado o no un discurso de legitimación de la situación estatutaria, y si no lo ha hecho por qué, y cuáles son las consecuencias de dicho déficit.

Conviene volver a subrayar cuáles son las condiciones mínimas que debe cumplir la institucionalización y su legitimación. Y sin caer en una cosificación de las instituciones concibiéndolas como eternas, inmodificables y totalmente separadas de la voluntad humana social, sí es preciso indicar que no es posible hablar de instituciones y de su legitimidad sin un mínimo de estabilidad. Todo es cambiable. Las instituciones modernas se caracterizan porque incluyen los procesos y los procedimientos de cambio en sí mismas. Pero modificabilidad no supone cuestionamiento permanente de la realidad institucional y de su legitimidad. Posibilidad de cambio no significa suspensión continua de la sensación de realidad que debe acompañar a cualquier institución y a su legitimidad. Las instituciones son estables en la historia, son estabilizaciones históricas: no es posible colocarlas fuera de la historia, como si fueran datos naturales. Ni tampoco es posible suspenderlas de la historia real, colocarlas en suspenso a la espera de la definitiva verdad institucional histórica: porque ésta, de ser, será también histórica y, por lo tanto, tampoco definitiva.

Al fallar en el desarrollo de un discurso legitimatorio de la realidad estatutaria, el nacionalismo democrático ha fallado en el primer requisito para hacer frente a la violencia: la barrera de la realidad institucional y de su legitimidad. A falta de esa barrera, las fronteras se vuelven fluidas, borrosas, y el riesgo de desintegración social aumenta.

No es ninguna casualidad que el ya famoso documento Ardanza estableciera como uno de sus pilares fundamentales la afirmación de que en la realidad vasca, la realidad estatutaria, no se daba ningún déficit democrático a salvar. Afirmar la falta de déficit democrático significa no cuestionar la legitimidad de la realidad estatutaria, significa, pues, dotar, aunque sea implícitamente, de la fuerza de la legitimidad a la realidad institucional estatutaria. Sin esa afirmación es implanteable ningún proceso de superación de la violencia. Supondría una contradicción en sus propios términos, puesto que la violencia surge, después de la amnistía general y de la transición a la democracia, por la incapacidad de aceptar el resultado de la voluntad mayoritaria de los ciudadanos vascos: la violencia quiere otra sociedad, y ofrece la paz a cambio de que la sociedad renuncie a ser lo que una y otra vez ha puesto de manifiesto que quiere ser.

Conclusión

A lo largo de este capítulo que ahora cierro he hecho referencia continuamente a la relación del nacionalismo democrático con la historia real del tiempo estatutario. Y he afirmado que ha tenido problemas importantes en esa relación: porque ha tendido a pensar que era una especie de tiempo sin valor propio, una especie de intermedio entre dos tiempos fuertes, el histórico de los derechos originarios, y el futuro de la soberanía plena.

Siempre se ha dicho que el problema de los nacionalismos es su demasiada dependencia de referencias históricas. La validez de esta afirmación depende de que se la complete con otra: la relación de los nacionalismos con la historia es doble. Por un lado descansan mucho en las referencias históricas, en un pasado del que se extrae la legitimidad de los planteamientos políticos. Pero en la medida en que dicho pasado posee una fuerte carga reinterpretatoria y constructiva hasta producir un ideal no histórico, esa misma referenciación histórica se vuelve en dificultad de asumir la historia real, siempre que ésta no se corresponda con el ideal absoluto extraído de la historia.

En este sentido, el nacionalismo vasco es en doble medida víctima de su propia fundamentación histórica. La declaración de la historia del Pueblo Vasco como historia de soberanía originaria le coloca un ideal que a falta de conseguirlo le hace minusvalorar cualquier otra situación histórica real. Y la interpretación de la soberanía originaria en términos de estatalidad propia le imposibilita concebir el desarrollo de la sociedad vasca, de la nación vasca, en términos que no sean de estatalidad propia, o de lo más parecido a ésta.

Esta doble hipoteca histórica llena de obstáculos el camino del nacionalismo vasco a la hora de valorar la realidad histórica que vive, que ha vivido durante los últimos veinte años, con el Estatuto y la realidad institucional por éste posibilitada, logro que es atribuible por otra parte en gran medida al propio nacionalismo democrático, con lo que esta dificultad de relación con la historia estatutaria es aún más dramática.

No es cuestión de intentar en este ensayo una filosofía de la historia, pero sí de recordar que hay dos términos que se compadecen mal con la realidad de la historia, que es la realidad del cambio, del paso del tiempo, de la conciencia de la finitud y de la limitación humanas, del nacer y del morir: la determinación histórica y el absoluto histórico.

El nacionalismo vasco, como todos los nacionalismos, tiende por un lado a absolutizar algún momento de su historia, a dotar a su interpretación de la historia de un carácter absoluto. Y por esa misma razón, tiende a entender el devenir histórico como una necesidad, como una determinación, en el que la única libertad posible es ejecutar el destino histórico.

Pero una correcta manera de entender la historia nos debiera llevar a pensar que ella, con todos sus constreñimientos y condicionamientos, es al fin y al cabo una posibilitación de libertad, de algo nuevo, de algo que no ha sido todavía. Por esta razón, por la conexión entre historia y libertad, entre finitud histórica y novedad histórica es por lo que la realidad histórica nunca es homogénea, más bien lo contrario: un espacio en el que se dan cita distintas formas de responder a la llamada de humanización que son los individuos, en cada tiempo y en cada lugar.

Después de haber analizado la relación del nacionalismo democrático con la violencia y criticado la imposibilidad de neutralizar metodológicamente la misma, esfuerzo en el que ha fracasado el nacionalismo democrático, y después de haber analizado la relación del nacionalismo con la realidad estatutaria y la falta de un discurso legitimatorio de esa realidad en el planteamiento nacionalista, ahora trataré de analizar la relación del nacionalismo democrático con la historia, siempre poniéndolo en relación con lo expuesto en los dos capítulos previos.

3
Nacionalismo e historia

E L NACIONALISMO ha sido tenido siempre como parte de la reacción provocada por la Ilustración. Si el romanticismo reacciona a la abstracción del ser humano que observa se produce en los
planteamientos de la filosofía ilustrada, si a la afirmación de la razón natural, de su universalidad, se le responde desde el romanticismo con la afirmación de la contextualidad de todo ser humano, en
el aquí y en el ahora, en el entorno cultural sin el cual no es posible
que exista como individuo concreto, es normal que a los planteamientos cosmopolitas de Kant, a la república universal y a la paz
universal, se les responda políticamente también concediendo un
valor político importante al espíritu de los pueblos como lo hace
Herder.

En buena medida es cierto que los nacionalismos son un grito de
libertad de las realidades concretas e históricas contra la desvalori-
zación a la que les somete el abstraccionismo de la Ilustración, y
contra la absolutización que, de tapadillo y bajo capa de universalidad, se hace de alguna forma cultural y política concreta. En este
sentido los nacionalismos irredentos son recordatorio de los problemas irresueltos en la modernidad, son manifestación de la faz ocul-
ta de la modernidad.

El problema surge cuando los nacionalismos pretenden copiar
aquello que critican y buscan la forma de absolutizar su propia con-

creción, su propia limitación, su propia particularidad, queriendo alcanzar la situación de los modelos que con su propia existencia criticaban.

La defensa de la historia y de la multiplicidad de diferencias y particularidades que se dan en ella, el reconocimiento de la historia como espacio de variabilidad, multiplicidad y, por ello, de libertad es, en el caso de los nacionalismos, contradictoria. Se defiende la particularidad hacia fuera, pero tratando de crear situaciones de homogeneidad hacia dentro, es decir absolutizando la propia particularidad, que es la forma de declararla universal en un espacio geográfico y social determinado.

El nacionalismo recurre, pues, a la historia, y la defiende como el espacio de la diferencia, pero para negarla en su propio espacio, porque sólo por medio de esta negación puede afirmar la homogeneidad que le permite justificar el derecho a igualarse a los Estados que niegan las diferencias.

Es necesario analizar, por lo tanto, y de forma detallada, la relación del nacionalismo vasco democrático con la historia. La reflexión llevada a cabo en el primer capítulo analizando la relación del nacionalismo con la violencia ha sido colocada en el segundo capítulo en el contexto de la relación del mismo con la situación estatutaria, con el poder autonómico. Ahora es preciso ampliar esta reflexión sobre la falta de discurso legitimatorio de la situación autonómica en el planteamiento nacionalista a una consideración general de la relación del nacionalismo democrático con la historia.

Para ello tendré en cuenta toda la historia del nacionalismo. Así pasaré del análisis de una situación determinada, el tiempo del llamado proceso de pacificación, que ha continuado con el análisis de los últimos veinte años y la falta de un discurso legitimador del poder estatutario, a un análisis de los últimos cien años largos de vida que tiene el nacionalismo.

Es importante ver las distintas tendencias que ha habido en éste desde la perspectiva de las cuestiones que se han planteado en la actualidad ante problemas tan serios y graves como la violencia, porque, como dice G.H. Mead, las nuevas situaciones obligan a releer la historia, de forma que ésta es nueva porque son nuevas las relaciones que establecemos con ella desde la novedad de los problemas que nos acucian y de las posiciones que adoptamos ante dichos problemas.

LOS PRINCIPIOS DEL NACIONALISMO

El nacionalismo democrático, como movimiento y como partido, nace a partir de la proclamación de su fundador, Sabino Arana, de que «Euskadi es la patria de los vascos». El concepto de patria en esa proclamación adquiere su significado en el contexto del Estado nacional, tal y como éste se desarrolló en Europa a lo largo del siglo XIX. Patria significa, pues, nación con derecho a Estado propio.

En este sentido, el nacionalismo vasco responde a la alternativa planteada por Cánovas del Castillo, quien se encontró con la necesidad de construir definitivamente España como Estado nacional, rechazando la posibilidad, mantenida a lo largo del antiguo régimen y con vigencia aún durante el siglo XIX, de las dobles lealtades, basadas en la existencia de instituciones privativas, diferenciadas, dentro del reino de España.

El principio nacionalista de considerar al pueblo vasco nación en su sentido político estricto, con derecho a independizarse de cualquier Estado que no sea el que se corresponde con su propia geografía, definida por la cultura, la historia y las instituciones diferenciadas es, pues, principio claro del nacionalismo democrático vasco desde el principio.

Pero tan cierto como lo anterior es que este principio del nacionalismo democrático ha estado acompañado por lo que algunos denominan una política pragmática, una práctica posibilista. Yo, sin embargo, prefiero hablar de la existencia de un segundo principio en el nacionalismo democrático. No se trata, en mi opinión, de una cuestión de coexistencia de un principio nacionalista radical y de una práctica política moderada. Se trata más bien de la existencia simultánea de dos principios que conviven en una relación dialéctica tensa, hasta tal punto que ha llevado al movimiento nacionalista a sucesivas divisiones.

El propio fundador del nacionalismo plantea, poco antes de su prematura muerte, lo que se ha denominado «giro españolista», que consiste en el planteamiento de la posibilidad de que el instrumento político por él creado, el Partido Nacionalista Vasco, adopte un programa de autonomía política para el País Vasco dentro de una España de corte federal, reservándose él para sí mismo y en su privacidad el ideal puro del nacionalismo.

La mayoría de historiadores interpretan este giro españolista, puesto de manifiesto en un artículo cuya autoría reconoció Sabino Arana y titulado «Grave y trascendental», como un movimiento táctico debido a las persecuciones que el PNV estaba sufriendo en sus inicios, a las dificultades de actuación con las que se encontraba debidas a la actuación de la policía gubernativa, a fin de evitar la desaparición del movimiento por la opresión a la que estaba sometido.

Sin entrar en una discusión histórica acerca de la adecuación de esta interpretación, que no tengo intención de discutir, sí quisiera señalar que Sabino Arana y el PNV siguieron con las mismas actuaciones en el tiempo inmediatamente posterior a la publicación del artículo «Grave y trascendental», que no se produjo ningún cambio táctico.

Por eso me permito recurrir a ese giro para plantear que con él el fundador del nacionalismo quizá estaba planteando una posibilidad distinta de formular el nacionalismo que no tuvo continuación en su propio pensamiento.

Lo cierto es que cuando se produce la incorporación de los liberales fueristas al movimiento nacionalista, abriendo así para éste la posibilidad de la expansión social, y se plantea la cuestión de la definición de un programa político, después de muchas discusiones, la dirección del movimiento nacionalista se pone de acuerdo en reclamar, como punto central de su programa político, la vuelta a la situación anterior a la abolición foral de 1876.

La introducción de esta referencia histórica como núcleo central del programa político del nacionalismo democrático, prácticamente desde sus inicios, posee una profunda significación. Además de lo que analizaré más adelante en relación al sentido que posee por *atar* al nacionalismo democrático a la historia real, significa una versión del ideal nacionalista adaptada a la realidad histórica.

Y a pesar de que en la interpretación del propio Sabino Arana esa realidad histórica supusiera una situación de soberanía originaria, esa interpretación queda siempre sometida a la crítica histórica. Es decir: el programa político del nacionalismo vasco queda, desde el inicio, supeditado a la realidad histórica, que el PNV interpretará de una determinada manera, pero que, al ser una referencia histórica concreta, queda sujeta a otras interpretaciones posibles, y por lo tanto al albur de la discusión, del debate, del análisis y del estudio.

Por eso creo que no es posible interpretar la historia de tensiones internas y de divisiones que ha vivido el movimiento nacionalista únicamente como una división entre el ideal y las posibilidades de su puesta en práctica, entre la pureza de la doctrina, y el pragmatismo de la actuación política diaria, concreta, sino que posee un sentido más profundo: se trata de una división entre el principio doctrinal de la vinculación necesaria entre patria, nación, concebidos en pureza, y estado, y el principio de la concreción histórica de la realidad social, política, del pueblo vasco.

Muchas veces se utiliza el término de coyuntural para denotar negativamente las políticas moderadas, pragmáticas. En el caso del nacionalismo, su expresión autonomista sería una moderación pragmática debida a las circunstancias. La pregunta que me planteo, sin embargo, es la siguiente: ¿qué es la historia sino una secuencia de coyunturas? Pretender que la historia es algo más permanente que la coyuntura de cada momento, tratar de reconstruir dentro de la historia permanencias, seudoeternidades, continuidades, es una forma de buscar la negación de la limitación histórica, y, en consecuencia, la negación de la posibilidad de lo nuevo.

En este contexto de fijar el programa político del movimiento nacionalista ligándolo a una realidad histórica concreta, y por ello contrastable en la discusión y el debate, adquiere significado la afirmación de uno de los primeros teóricos del nacionalismo, su «apóstol» en Guipúzcoa, y amigo personal de Sabino Arana, Engracio de Aranzadi, *Kizkitza*, en uno de los artículos recogidos en su obra *Ereintza*, «Siembra del nacionalismo vasco», según la cual para el nacionalismo vasco lo más importante no es el aspecto político. El fin del nacionalismo radica en trabajar por la supervivencia del pueblo vasco, y los aspectos políticos son instrumentales, no decisorios, ni finalistas.

En este espíritu trabajó la mayoría de los dirigentes del nacionalismo democrático, de forma que los representantes de la ortodoxia pura fueron en general quienes quedaron en minoría. En este espíritu trabajaron los Aranzadi, Elizalde, Landeta, y posteriormente los Aguirre, Landáburu, Irujo, Ajuriaguerra y demás.

No se trata, pues, de la existencia en el nacionalismo de un principio, y de la constatación de la imposibilidad de mantener la pureza del principio, y por esa causa, de la necesidad de abogar por políticas moderadas, adaptadas a las circunstancias. Se trata más bien, y no lejos del juego hipotético probado por el propio Sabino Arana, de dar entrada en la ideología nacionalista al principio de la realidad histórica. Sólo así se puede explicar la constancia de esta posición a lo largo de la historia del nacionalismo.

Ese mismo principio de realidad histórica, que en mi opinión se asienta con todo su derecho junto al principio de la esencia nacionalista, es el que ha llevado al Partido Nacionalista Vasco a participar en las instituciones siempre que el marco político ofreciera un mínimo de garantías de libertad democrática. El nacionalismo ha sido a lo largo de toda su historia un partido institucional, la mejor prueba de su alejamiento esencial respecto a cualquier planteamiento de violencia; el nacionalismo democrático ha participado siempre que ha podido en las instituciones, aunque no fueran las creadas por ella misma en cumplimiento de su ideal patriótico, que es la mejor manera de consolidar su apuesta por la historia real, la compleja, la llena de diferencias.

Esta dualidad de principios del nacionalismo permite entender algunas otras dualidades en el PNV, o lo que para algunos son sus contradicciones. No es necesario recordar afirmaciones y planteamientos de Sabino Arana para saber que en él existen aspectos de una importante carga restaurativa, reaccionaria. En su doctrina se dan aspectos teocráticos, su planteamiento responde a una voluntad de ser mejor carlista que los carlistas; su imagen de Euskadi es la de una Euskadi rural y bucólica en muchos aspectos; la necesidad del mantenimiento de la pureza de la raza, en el sentido de su tiempo, de la lengua, de las tradiciones, deja ver una voluntad de parar la historia, de eternizar un momento histórico.

Pero Sabino Arana es profundamente moderno al responder a la alternativa de Cánovas no con la repetición del carlismo, sino con la modernidad y la novedad del nacionalismo. Sabino Arana es moderno creando un partido de masas en un contexto político marcado todavía por el caciquismo electoral. Sabino Arana es consciente desde el inicio, y por eso hace uso extensivo de ellos, de los medios de comunicación.

A la vista de estas contradicciones es posible plantear de nuevo la interpretación que dice que existe, por un lado, la doctrina, y por otro, los instrumentos, al igual que antes existía la pureza de la doctrina y la práctica posibilista. Pero en el caso de las contradicciones o dualidades apuntadas se puede hablar, creo yo, de la misma dualidad de principios: una doctrina enmarcada completamente en la restauración por un lado, un principio doctrinal reaccionario, y un principio de actuación política en la realidad profundamente moderno.

Es posible incluso que el nacionalismo democrático nunca se haya sentido forzado de verdad a revisar los principios de su fundador, tal y como lo han tenido que hacer otros muchos partidos y movimientos políticos, porque siempre ha tenido la posibilidad de escudarse no sólo detrás de una política pragmática, detrás de una historia de actuación moderada, sino detrás de lo que son principios modernos y democráticos. Con lo cual no quiero afirmar que al nacionalismo democrático no le haya llegado la hora de revisar sus planteamientos fundacionales, tal y como lo explicaré en el cuarto capítulo.

Y así cuando el nacionalismo democrático va tomando sus opciones a lo largo de la historia, la opción de la participación institucional, la opción de la legitimidad republicana, la opción de la reforma, la apuesta continua por la forma estatutaria, todo ello que puede ser interpretado, no me cabe ninguna duda, como procedente del reflejo posibilista, de la actitud moderada, va dejando, sin embargo, creo yo, un poso de principio de realidad, de principio de asumir la concreción histórica como complemento de la pureza doctrinal que merece ser tenido en cuenta como algo más que una simple táctica de actuación: cuando la táctica se repite a lo largo de más de cien años, o bien responde a un principio quizá no declarado, pero realmente existente, o termina por conformar un tal principio.

Y creo que es de una extremada importancia percibir con claridad la existencia de este doble principio en el nacionalismo democrático para entender precisamente el significado de la alternativa que le quiere imponer la violencia al nacionalismo cuando éste está actuando desde las instancias del poder autonómico: la violencia no reclama del nacionalismo democrático sólo la renuncia a una táctica posibilista, por muy inveterada que sea. La violencia no reclama del nacionalismo vasco sólo ser coherente consigo mismo.

Lo que la violencia reclama del nacionalismo es la renuncia a parte de sí mismo, la ruptura del equilibrio interno constituyente de sí mismo. Lo que la violencia requiere del nacionalismo democrático es que éste renuncie a uno de sus principios constitutivos en nombre del otro principio, interpretado éste de una determinada forma precisamente por aislamiento respecto del otro principio, con lo cual le está requiriendo la renuncia a su propia historia concreta.

Pero para entender todo esto en todo lo que significa es preciso pasar al siguiente apartado, pasar a una comparación, para mí especialmente ilustrativa, de la relación con la historia del nacionalismo democrático por un lado, y de la relación del nacionalismo que usa la violencia con la historia por otro.

Historia real frente a momento fundacional

En el apartado anterior he indicado que cuando el movimiento nacionalista se siente obligado a redactar un programa político, resume sus pretensiones en la reclamación de una situación histórica concreta: la existente antes de la abolición foral, antes de la abolición definitiva de los fueros en el año 1876.

Y decía que esta referencia histórica a una fecha histórica concreta y a una realidad concreta, analizable, describible, accesible a cualquier estudioso, y sometida a revisión crítica precisamente por su concreción real, posee un significado profundo, que va más allá de la fecha. Ese significado reside en que con esa declaración programática, con esa fijación de las pretensiones políticas en una realidad histórica concreta el nacionalismo democrático se ata a sí mismo a la historia real.

Mucho se ha escrito de los nacionalismos como inventores de historias irreales, como mitificadores de la realidad histórica. Mucho se habla de los nacionalismos como creadores de imaginarios. Y es cierto. Pero no sólo los nacionalismos irredentos. También los estados nacionales, también los nacionalismos de estado. Escribe, por ejemplo, Jean-Claude Barreau: «En el origen de todas las naciones, de toda sociedad política, se encuentra una cierta violencia. Para que la nación exista es preciso olvidar esa violencia» (Plon, 2000, p. 121) Y cita este autor a Renan: «La existencia de una nación implica que los individuos que la componen hayan olvidado muchas cosas».

Todas las sociedades se constituyen escribiendo su propia historia, inventándola, separando lo recordable de lo que es preciso olvidar, creando su propio imaginario para poder reconocerse en él. Esto es sabido y no supone una crítica definitiva de nada, aunque siempre es bueno recordarlo.

Pero una vez aceptado este conocimiento, la pregunta acerca de cuál es la forma de la referencia histórica mantiene su valor: mientras la referencia a la historia, a pesar de contener aspectos imaginados, superinterpretaciones, exageraciones, retroproyecciones de conceptos, siga conteniendo referencias concretas, constatables, discutibles, mientras la referencia a la historia sea algo que se puede seguir sometiendo al estudio crítico, la relación con la historia está a salvo de la absolutización que la puede convertir en justificación para cualquier actuación contra los derechos humanos.

Es cierto que la interpretación de Sabino Arana de los derechos históricos, de la situación caracterizada por las instituciones forales es criticable desde el propio conocimiento histórico. Eso es precisamente lo importante.

El valor de la fijación del programa político del nacionalismo democrático en una situación histórica concreta contiene precisamente ese gran valor: está sometida a la crítica, está sometida al diálogo crítico, es comunicable, mantiene, a pesar de los rasgos imaginarios, a pesar de la posible mistificación de situaciones históricas por aplicación de conceptos surgidos en otros contextos históricos, por olvido de realidades históricas sin las cuales la interpretación es unilateral, el valor de estar sujeta a la realidad de la historia con todo lo que esto significa.

Las pretensiones políticas del nacionalismo democrático se pueden medir por medio de esta referencia histórica: estudiando, analizando, comprobando el significado de la situación foral antes de 1876 y antes de 1839. El nacionalismo democrático, por medio de su programa político, se somete al juicio de la realidad histórica.

Y en esto se encuentra en las antípodas de los planteamientos de la violencia. En los últimos tiempos muchos analistas han repetido que quienes ejercen hoy violencia en Euskadi son personas que no conocieron la dictadura de Franco, y se preguntan cómo pueden argumentar históricamente encontrándose tan alejados de la historia que ha marcado los planteamientos políticos de las generaciones que lucharon por el Estatuto de Gernika, si desconocen esa historia.

Tienen razón quienes así preguntan, pero olvidan que la referencia a la historia en el planteamiento de los violentos nunca ha sido la misma que la del nacionalismo democrático. Recuerdo una historia que se inventó en la cárcel de Martutene en la segunda mitad del año 1968 para herir precisamente a los miembros del PNV allí encarcelados: alguien habría entrado en el recinto sagrado de Gernika, habría arrancado el árbol de Gernika y lo habría tronzado. ¡El árbol santo de Gernika en tronzas!

Esta pequeña anécdota pone de manifiesto el desprecio no sólo hacia los símbolos del nacionalismo vasco, sino el despego hacia las referencias históricas implicadas en esos símbolos. Los Derechos históricos, los Fueros, nunca han formado parte del discurso ni del vocabulario del nacionalismo radical y del mundo de la violencia, de ETA.

Muy al contrario: ETA nace para romper la tradición del nacionalismo democrático. ETA surge desde la convicción de la necesidad de romper con la historia del nacionalismo tal y como éste se había entendido hasta entonces. ETA inicia una nueva historia. Los teóricos de ETA buscan una nueva fundamentación para las reclamaciones nacionalistas. Las referencias a la situación anterior a la abolición foral desaparecen completamente.

La expresión más clara de la ruptura entre el nacionalismo democrático y los planteamientos que se elaboran en el entorno de la violencia no es el recurso a ésta como medio de actuación política. La ruptura es todavía más radical en la forma de entender la relación con la historia. En unos documentos publicados en los años 1992 y 1995 bajo el seudónimo de J. Agirre, el mundo del nacionalismo radical del entorno de la violencia define a ETA como el acontecimiento fundador de la historia vasca, como el acontecimiento fundador del pueblo vasco.

El pueblo vasco y la historia vasca existen en la medida en que están representados en el núcleo verdadero de ellos que es ETA, y siempre están en situación de *in fieri*: no hay historia real, no hay pueblo real, no hay tiempo real. Todo está en una especie de núcleo fundacional permanente que nunca pasa a ser acto. Es una concepción de la historia y del pueblo vasco, de la sociedad vasca, en términos de *Big Bang*, valga la comparación, pero de un *Big Bang* permanente que no contiene evolución alguna, que no da paso a un proceso de enfriamiento y de creación de galaxias, de universos, de mundos reales, de historia en definitiva.

Es la absorción del tiempo y de la historia reales, del pueblo y de la sociedad concretas a una esperanza permanente, nunca realizable, de algo nuevo, totalmente distinto, de la solución definitiva, de la creación definitiva del pueblo y de la historia verdaderas, sin fisuras, limitaciones, diferencias, problemas, pluralismos. Es la conciencia absoluta en términos hegelianos, pero no al final de la historia, sino fuera de ella y queriendo entrar en ella por la puerta falsa, por la puerta de la violencia.

ETA es el mito fundacional del pueblo vasco y de la historia vasca, un mito fundacional que violenta irremisiblemente la realidad de la sociedad, las personas que la componen, que se coloca totalmente fuera de la historia, pero actuando en ella, aunque sin posibilidades, o voluntad, o intención, de buscar la realización concreta en la historia. El planteamiento de ETA, su lógica, pervive mientras se entienda *in fieri*, mientras no pase a conformar un acto, un pretérito perfecto, una realidad histórica concreta.

Estoy de acuerdo con quienes, como Kepa Aulestia, interpretan la ideología de ETA como la ideología del activismo, que comienza y termina con el activismo mismo, sin más horizontes. No los puede tener, porque tenerlos implicaría entrar en la historia real, y entrando en la historia real entraría en el mundo de las diferencias, de las realidades diversas, y perdería su capacidad de resumir en sí misma potencialmente la verdad de la historia vasca y del pueblo vasco.

Aquí radica la diferencia fundamental entre el nacionalismo democrático y los planteamientos de la violencia, del nacionalismo radical del entorno de ETA. No es una diferencia de métodos: es una diferencia radical de planteamiento, de concepción de la realidad, de relación con la historia. Porque si fuera una diferencia de método exclusivamente, estaríamos en lo mismo, en la medida en que en ETA el método es el fin: no puede tener un fin distinto al método, porque entonces, como acabo de indicar, entraría en la historia real y se acabaría su concepción de ser la mónada que contiene, *in fieri*, nunca en acto, nunca en la historia real, la verdad completa de toda la historia vasca y de todo el pueblo vasco.

El nacionalismo democrático construye su programa político refiriéndose a un acontecimiento histórico, la abolición foral, y planteando la recuperación de la situación anterior a dicha abolición. El nacionalismo democrático, prácticamente desde sus inicios, participa en la actividad institucional —la historia social real—. El nacionalismo democrático, como hemos visto más arriba, se construye a sí mismo a partir de dos principios que, aunque en tensión, mantienen su vigencia. El nacionalismo democrático pretende conquistar poder real en la historia real. El nacionalismo democrático, por todas esas razones, es un movimiento que se inserta en las diferencias que constituyen la historia real, en el pluralismo en el que necesariamente deriva la historia real, aunque tenga sus dificultades con esta inserción.

El nacionalismo de ETA se incardina en una galaxia completamente distinta. Las coordenadas en las que se mueve su planteamiento son radicalmente distintas. ETA se constituye a sí misma desde la negación de la historia y de todo lo que tiene que ver con la historia concreta. Los mitos fundacionales se colocan fuera de la historia real. Cuando dichos mitos fundacionales dan comienzo a una historia real, pasan al plano de lo sagrado y de lo ritual, marcando así la diferencia radical que les separa de la historia real.

ETA se entiende como momento fundacional permanente de la historia vasca. Es, en sí misma, un mito fundacional que pretende incardinarse en la historia real, pero que sólo encuentra, como punto de contacto con ella, la violencia de la negación práctica de la sociedad, de su libertad, de la vida de sus componentes, porque como momento fundacional permanente no puede estar en la historia, no tiene cabida dentro de ella.

Desde la perspectiva de esta diferencia radical entre el nacionalismo democrático y los planteamientos de la violencia, de ETA y de su entorno, las referencias a temas nacionalistas como la soberanía, la territorialidad de Euskalherria, la independencia y otros no son más que tangenciales: todos ellos no constituyen el núcleo del planteamiento de

ETA. Todos ellos quedan absorbidos en la voluntad de ser el momento fundacional, y en la voluntad de mantenerse en el *in fieri* que le coloca fuera de la historia: son instrumentos, meras referencias de un activismo que sólo se busca a sí mismo, y que sólo puede pervivir en la medida en que se activa permanentemente como activismo.

Algunas reacciones de dirigentes del nacionalismo democrático ante planteamientos de EH/HB, de ETA, como la de pedir unas elecciones en toda Euskalherria, en lugar de participar en las elecciones generales al Congreso y al Senado (12 de marzo de 2000), diciendo que son planteamientos abstrusos, no aciertan a ver la lógica de dichos planteamientos: la exigencia en el planteamiento tiene que ser suficientemente imposible para poder mantenerse fuera de la lógica de la historia real, para poder mantener el *in fieri*, y no tener que dar el paso al acto, a la concreción real. La única concreción real que conoce el planteamiento violento es el de la negación de la realidad histórica concreta, la negación de la vida, de la libertad y de la sociedad por medio de la negación de sus instituciones, y tratando siempre de impedir la consolidación de la institucionalización.

Es decir: en la lógica de los planteamiento de la violencia la imposibilidad de las exigencias no es muestra de su falta de inteligencia política, sino expresión del sistema de pensamiento, manifestación clara de la estructura de los planteamientos propios.

Al igual que en el caso del nacionalismo democrático, he planteado la tesis de que el pragmatismo de su actuación política concreta no es una cuestión de simple moderación, sino un principio constitutivo de su propia autocomprensión, vinculado al mantenimiento de una referencia a la historia concreta, real, y no la huida de la misma a un mito fundacional.

Con este análisis de la relación con la historia del nacionalismo democrático por un lado, y del mundo de la violencia por otro trato de dejar claro que aunque los términos de referencia puedan ser los mismos, o por lo menos vengan descritos con las mismas palabras, como pueden ser Euskadi, libertad, soberanía e independencia, en realidad se trata de dos nacionalismos radicalmente distintos en su naturaleza.

Y la diferencia, como también he tratado de clarificar, no es la que se refiere a una mayor o menor radicalidad en relación al mismo planteamiento. La diferencia se inscribe en la forma del acercamiento a la realidad de la historia. En un caso, en el caso del nacionalismo democrático es un acercamiento que respeta la realidad de la historia, es un acercamiento, por lo tanto, abierto a la discusión histórica, un acercamiento que posibilita la participación en lo que construye la historia social, en las instituciones.

Mientras que en el caso del nacionalismo violento es una relación caracterizada por colocarse fuera de la historia, en un momento fundacional, único, irrepetible, y que no puede hacer historia real, porque nunca puede renunciar a la irrepetibilidad del acto fundacional. Es una posición de *in fieri* permanente, que nunca puede pasar al acto, a construir institución, a hacer historia real. Es la renuncia a la historia real, o mejor: es la violentación de la historia real, y de quienes componen la historia real, personas, sociedades, instituciones, para reducirlas constantemente al núcleo fundacional ahistórico representado por ETA.

La diferencia entre el nacionalismo democrático y el nacionalismo violento es la diferencia entre sociedad y no sociedad, entre institucionalización y negación radical de cualquier institucionalización, entre historia real y mito fundacional. Es una diferencia que implica algo más que la diferencia en los medios de actuación política. Es incluso algo más que la diferencia en los fines, en la manera de definir los fines. Es una diferencia que afecta a la naturaleza misma de la concepción de la realidad y de la historia, es una diferencia de naturaleza: el nacionalismo democrático es un movimiento político, mientras que el nacionalismo violento sólo puede sobrevivir como revolución permanente, en el sentido más radical del término revolución, como negación de la realidad existente, y negación de cualquier realidad establecida y consolidada, por muy cambiante que sea, como ideología del activismo, como activismo elevado a principio exclusivo y supremo.

En este contexto se entiende la exigencia que aparece una y otra vez en las discusiones con representantes del MLNV de retrotraer la situación actual a un punto inicial incondicionado, de libertad pura o absoluta, para que la decisión adoptada en ese momento inicial, fundacional, fuera el punto de partida de un verdadero, profundo y originario desarrollo democrático. A falta de ese punto inicial despojado de todo tipo de condicionamiento, lo que se entiende como desarrollo democrático estará siempre lastrado por un pecado original de falta de democracia, según reza el argumento del MLNV.

Y esta negación de la historia real por parte del nacionalismo violento conlleva una consecuencia cuya formulación explícita considero de la mayor importancia. La negación de la historia real es negación de sociedad y negación de la institucionalización de cualquier sociedad, de una sociedad concreta, de la sociedad vasca en el caso de la violencia de ETA. Y si continuamos con la reflexión hasta el final, tendremos que llegar a la afirmación que si el nacionalismo violento niega historia real, niega sociedad y niega institucionalización, en definitiva está negando nación y la posibilidad de construirla. La absorción —negadora— de toda la realidad en el momento fundacional ahistórico que es ETA significa simplemente negación de nación.

Ahí radica la diferencia fundamental entre ambos nacionalismos: el nacionalismo democrático es susceptible de ser formulado de forma que implique posibilidad de creación de nación real, en las condiciones concretas de la historia. El nacionalismo que se constituye en el uso de la violencia es profundamente negador de nación, pues para este nacionalismo nación sólo es posible en las condiciones inexistentes del momento fundacional, nación sólo es posible destruyendo sociedad concreta: ése es el valor simbólico, el significado profundo de cada atentado que trunca la vida de un ciudadano vasco.

Y si en el nacionalismo democrático se puede observar a veces una cierta seducción por el radicalismo del otro nacionalismo, por la manera de definir los fines nacionalistas en ese otro nacionalismo, y reacciona a la seducción afirmando que esa manera de definir los fines nacionalistas ha sido la suya desde un principio, aparte de obviar parte de su propio nacionalismo y de su propia historia, se debe a la fuerza que posee el mito de la violencia fundacional, que transmite la esperanza de que un único acto, un único momento, algo especial y único, puede crear aquello que la historia concreta con todos sus condicionantes parece impedir continuamente.

Pero con esto entro ya en algunas reflexiones que pertenecen a los siguientes apartados, y no es conveniente adelantarlos. Cada reflexión tiene su sitio específico, y en este apartado se trataba de distinguir, por su relación con la historia, el nacionalismo democrático del nacionalismo que recurre a la violencia.

La intrahistoria

En este apartado me esforzaré por formular la tesis que resume el tercer capítulo del presente ensayo, tal y como he hecho en los capítulos anteriores.

En el apartado anterior he trazado una línea separadora radical entre el nacionalismo democrático y el nacionalismo violento. Y esa línea de separación la he fijado en la relación radicalmente diferente que establecen con la historia ambos nacionalismos. Esta separación radical no puede, sin embargo, ocultar la tensión interna que existe en el nacionalismo democrático en virtud de su constitución a partir de dos principios que como mínimo se encuentran en una relación dialéctica.

Esta situación de tensión interna que vive el nacionalismo democrático convierte su relación con la historia en una relación compleja y contradictoria. Es esta complejidad y esta contradictoriedad en la relación con la historia la que trataré de analizar en este apartado.

La historia del nacionalismo democrático se ha desarrollado la mayor parte del tiempo en condiciones de represión y, por lo tanto, de mayor o menor clandestinidad. Incluso en las épocas en las que, por permitirlo la mínima legitimidad democrática, el nacionalismo participó en la actividad institucional, tomando parte en elecciones, enviando diputados a Madrid, y asumiendo la responsabilidad institucional en la Diputación Foral de Vizcaya, muy pocas veces a lo largo de su historia se ha visto confrontado con la posibilidad y la responsabilidad de intentar poner en práctica su programa político, de buscar la realización de sus planteamientos políticos.

La primera oportunidad que tuvo para ello fue en circunstancias muy adversas, conflictivas y de guerra, después del levantamiento de Franco contra la legitimidad y la legalidad republicanas, cuando ésta, la república, se avino a conceder el estatuto de autonomía a Euskadi, y se pudo formar el primer Gobierno vasco presidido por José Antonio Aguirre. A pesar de las circunstancias de guerra, no fue poco lo que ese Gobierno de concentración, con mayoría nacionalista, puso en marcha para llenar de contenido el estatuto que lo legitimaba.

Pero la verdad es que la primera vez en la que el nacionalismo se ve confrontado con la responsabilidad y la posibilidad de poner en práctica su planteamiento político es después de la muerte de Franco, con la restauración de la democracia y la aprobación en el Congreso y el Senado españoles por un lado, y por otro en referéndum por la sociedad vasca del Estatuto de Gernika.

La tensión interna entre los dos principios constitutivos del nacionalismo, a los que me he referido en apartados anteriores, pudo permanecer más o menos soterrada en las épocas en las que el nacionalismo vivía en la clandestinidad, y también en las épocas en las que el nacionalismo no estaba confrontado con la tarea de poner en práctica su programa político, a pesar de lo cual fue fuente de numerosos conflictos y algunas escisiones.

Pero cuando el nacionalismo democrático asume esa responsabilidad, la tensión aparece con toda su fuerza y exige una resolución, bien subrayando más uno de los principios, dándole prioridad sobre el otro, bien encontrando un equilibrio articulado, argumentado y fundado, tratando de encontrar una formulación que sirva para transcender la tensión contradictoria y establecer el ideal nacionalista en un nuevo plano.

Eso es lo que le ha ocurrido al nacionalismo democrático en estos veinte años, ya largos, de vigencia del Estatuto de Gernika, en estos veinte años de estar investido con el poder autonómico que dicho marco jurídico-institucional y los electores le han otorgado.

Y la respuesta del nacionalismo ha sido dubitativa. Por un lado, como ya ha quedado dicho anteriormente, confió en que la puesta en marcha de las instituciones propias, la ejecución del poder autonómico, la materialización autonómica de servicios importantes para los ciudadanos vascos, la puesta en marcha del sistema educativo propio, de los medios de comunicación propios, es decir, de todas las posibilidades institucionales y administrativas contenidas en el estatuto de autonomía, menos las que todavía quedan por transferir, la conciencia nacionalista, es decir la manera de concebir, entender, imaginar y sentir la sociedad vasca propia al nacionalismo iba a extenderse tranquila, pero rápida e inexorablemente, por toda la sociedad vasca.

Por otro lado, sin embargo, y constatando que esa confianza no tenía reflejo en la realidad, que ésta caminaba por otros derroteros, que la conciencia de la ciudadanía, a pesar del apego que la mayoría podía sentir por determinadas instituciones de autogobierno, por determinados servicios administrativos ofrecidos por las instituciones vascas, seguía básicamente anclada en las mismas formas de entender, definir, imaginar y sentir la sociedad vasca en lo que a su ser de nación se refiere, y a los derechos que como tal le pudieran corresponder, comenzó a sentir que el Estatuto no servía a sus fines.

En esa situación de duda, de sentimientos contrapuestos respecto del Estatuto tan añorado y por el que tanto había luchado prácticamente a lo largo de toda su historia, el nacionalismo democrático se decide por una salida arriesgada.

Para entender y definir esta salida por la que ha optado el nacionalismo democrático en los últimos tiempos me serviré de un concepto no sé si acuñado, pero sí definido y elaborado por Jon Juaristi en su libro *El bucle melancólico*, del concepto de intrahistoria, y me esforzaré por formular la tesis de este capítulo alrededor de dicho concepto.

Jon Juaristi elabora y define el concepto de intrahistoria interpretando al Unamuno desterrado en el País Vasco francés, en Iparralde. Es el Unamuno que Juaristi tilda de nacionalista. Es el Unamuno que visita un pequeño cementerio de un pueblecito de Iparralde y escribe una poesía «Orhoit gutaz», reflejando los sentimientos que en él provoca la lápida dedicada a los muertos vascos de la primera guerra mundial.

En la interpretación que Juaristi lleva a cabo de dicha poesía aparece el concepto de intrahistoria como el espacio al que huye Unamuno para guardar allí las esencias del pueblo vasco, un espacio en el que el paso del tiempo, sus contingencias, sus limitaciones, sus cambios, sus divisiones no les pueden afectar.

Es, aplicado a la esencia de lo vasco, lo que más tarde aplicará al casticismo castellano como el lugar de la conservación de la esencia de lo español. La intrahistoria como el espacio refugio contra la historia y todo lo que ésta implica. La intrahistoria como esfuerzo de conservación frente a la intemperie de la historia.

En la intrahistoria el tiempo desaparece, y con él desaparecen todos los males de la historia. La intrahistoria es pura permanencia, es pura quietud. La intrahistoria es una especie de tautología, estar de acuerdo consigo mismo siempre, sin fisuras, sin rupturas, sin pluralidades que son producto del devenir diferenciador irremisiblemente vinculado a la historia. La intrahistoria es una especie de eternidad pero no fuera del tiempo, no fuera de la tierra, sino en lo más íntimo de ésta, en el núcleo mismo: la intrahistoria es el esfuerzo por encontrar dentro del tiempo mismo un espacio refugio contra el mismo tiempo.

Aunque Juaristi no lo cita al analizar al Unamuno del «Orhoit gutaz», existe otro artista y pensador vasco que camina por la misma senda de la intrahistoria. Es Jorge Oteiza. Oteiza pone símbolo físico y real al espacio que construye por medio de palabras Unamuno: son las cuevas prehistóricas de los vascos, son las cavernas en las que éstos se refugiaban contra la intemperie, en este caso atmosférica. Son los espacios del arte sagrado de los vascos, cuando éstos fijan, en el arte, su verdadera esencia, su sentido del mundo, su forma específica de entender y de relacionarse con el mundo.

Y es, según Oteiza, ese momento iniciático, ese momento original el que debe ser preservado y al que tiene que volver no sólo el arte de la actualidad para establecer la intemporalidad propia a la intrahistoria, sino toda la política vasca para que el fruto de la acción política no sea un perderse en el extrañamiento de sí mismo por imitación de otras culturas, de otras formas de relacionarse con el mundo, para que el fruto de la política, la conformación de la sociedad vasca no signifique la pérdida del alma vasca, de aquella que quedó prefijada y prefigurada en las cuevas del paleolítico y en sus pinturas.

Como he escrito en otro lugar (Diego López Garrido/Joseba Arregi, *Ser nacionalista*), esta permanencia del alma vasca, de la diferencia vasca, a través de los tiempos en perfecta concordancia consigo misma y como norma definitoria y discriminatoria del ser vasco, de la cultura vasca e incluso de la política vasca, fue uno de los elementos que sirvió para dar coherencia ideológica al sentimiento nacionalista de varias generaciones de jóvenes vascos en los años duros de la dictadura franquista.

La intrahistoria ha estado, pues, como posibilidad siempre presente como una opción del nacionalismo vasco. La misma ruralización de la cultura vasca, la entronización del baserritarra vasco y del arrantzale vasco, del agricultor y del pescador vascos, como figuras arquetípicas en las novelas de Domingo Agirre —Garoa, Kresala—, la fijación de lo verdaderamente vasco en esa arcadia rural foral feliz, legitimada desde la religión católica, contra la que se rebela Ricardo Arregi en su conocido ensayo *Euskalzaleeen jainkoa hil behar dugu* («Debemos matar al Dios de los amantes del euskera») y con él buena parte de su generación, está inserta en la misma búsqueda de la intrahistoria, de ese refugio contra los avatares del tiempo, del devenir, de la historia.

Al hilo, pues, de este concepto de intrahistoria formularé la tesis correspondiente a este tercer capítulo. Dice así: aunque de forma inconsciente, y probablemente basado en justificaciones tácticas relacionadas con la búsqueda de la paz, el nacionalismo democrático ha optado en los últimos tiempos por el camino de la intrahistoria, ha comenzado una huida de la realidad histórica, tratando de establecer en ese espacio refugial la concordancia homogeneizante de la sociedad que le es imposible alcanzar en la realidad social.

Desde la experiencia, ya descrita anteriormente, de que la realidad histórica, su devenir concreto no conducen a una homogeneización del conjunto de la sociedad, o de la gran mayoría de ella, en el sentimiento nacionalista, el nacionalismo democrático opta por mantener el ideal de esa homogeneización, el concepto de nación etnolingüístico en su traducción a la homogeneidad en el sentimiento nacionalista, pero lo traslada a un espacio irreal, a un limbo histórico, consciente de que la pretensión de su puesta en práctica choca con la realidad histórica concreta de la sociedad vasca.

Esta huida a la intrahistoria coincide con las exigencias tácticas o estratégicas de la búsqueda de la paz, de forma que es difícil dilucidar la cuestión de si es la voluntad de encontrar caminos para la paz la que impulsa al nacionalismo democrático a la intrahistoria, o si bien, estando ya inconscientemente muy cerca de la opción de la intrahistoria, la necesidad estratégica de buscar caminos que conduzcan a la paz abre las puertas para entrar de lleno en lo que quizá en cualquier caso, antes o más tarde, se hubiera entrado. Tiendo a pensar que la segunda variable es la real, como trataré de explicar más adelante.

Para entender esta huida a la intrahistoria, que se da unida a la búsqueda de caminos para la paz, es de gran ayuda pararse un poco a analizar figuras argumentativas que se han desarrollado en ese contexto. A pesar de que es preciso reconocer que muchas de las figuras argumentativas desarrolladas se deben a cálculos tácticos, sin embargo ni sus formas ni sus contenidos pueden ser reducidos totalmente a las necesidades tácticas de un momento, aunque sean las necesidades tácticas de la pacificación. Todas las figuras argumentativas poseen un significado que va más allá de sus funciones tácticas.

El primer indicio de que el nacionalismo democrático opta por huir a la intrahistoria se puede observar en que todas sus propuestas en relación a lo que es necesario para alcanzar la paz nunca tienen como marco de referencia el pasado, la historia real, lo que de ella proviene, ni tampoco el presente como resultado de ese pasado, sino el futuro. Hemos oído repetir hasta la saciedad que la solución a la violencia vendrá de respetar lo que la sociedad vasca quiera en el futuro.

La solución debe provenir de algo que no sabemos, que no conocemos, de un futuro incierto, desconocido, y que por lo tanto no obliga a nada, a no ser que obligue a una confesión de aceptación de lo desconocido, sin conocer cómo se ha llegado a eso que es desconocido, en qué condiciones se ha producido. En lugar de enfrentarse a la realidad presente, y a lo que en esa realidad presente fuerza su presencia, valga la redundancia, la violencia, entonces lo mejor es plantarse en un futuro indefinido, en un futuro indeterminado, fuera de la historia real que está construida por las decisiones tomadas en el pasado y que conforman un presente institucional.

En la misma dirección apunta, en mi opinión, el discurso que habla de la necesidad de un diálogo sin límites ni condiciones. Dejando de lado la voluntad táctica que encierra la fórmula, la voluntad de facilitar la inclusión en el diálogo de quienes se han excluido voluntariamente de él, lo cierto es que un diálogo sin límites ni condiciones sólo se puede dar fuera de la historia.

Si algo significa la historia es condición. Si algo significa la historia es límite. Si algo significa diálogo es aceptación de normas, de condiciones del discurso: sin normas ni condiciones del discurso el diálogo es inexistente, es imposible. Historia, colocarse dentro de la historia, hacer historia, no en el sentido grandilocuente, sino en el sencillo de actuar en libertad y no forzado por la necesidad de la naturaleza, significa reconocer las condiciones y los límites.

Excluir las condiciones y los límites es tanto como olvidar la historia, ocultarla, hacer un paréntesis. Frente a esa postura es conveniente recordar el tópico tantas veces citado del filósofo estadounidense George Santayana: «quienes no recuerdan la historia están condenados a repetirla».

Un diálogo sin límites ni condiciones es colocarse en la intrahistoria, en el espacio de refugio que protege de todas las contingencias —en el sentido fuerte de este término—, de la historia. En ese espacio todo parece posible, es posible imaginarse la cuadratura del círculo, parece posible respetar la realidad plural de la sociedad vasca y proclamar al mismo tiempo la vigencia de la soberanía o del soberanismo.Todo es posible porque no está sometido a las condiciones reales de la historia concreta. Es el mundo de la intrahistoria. Es el espacio protegido, es el espacio en el que es posible jugar a todo, sin consecuencias. Porque no de otra forma es posible el diálogo sin límites ni condiciones: a condición de aceptar que es sin consecuencias reales.

Por estas razones que acabo de poner de manifiesto, la tercera figura argumentativa que indica la huida del nacionalismo democrático a la intrahistoria la ofrece lo que yo interpreto como puesta a disposición del marco institucional que nos gobierna. Para que la paz sea posible es preciso anunciar, reza esta figura argumentativa, que los marcos jurídico-institucionales que nos hemos dado están a disposición, son cambiables, no son estables, ni tienen voluntad de permanencia. Es decir: son todo menos instituciones, puesto que no puede existir institucion sin voluntad de estabilidad y de permanencia, puesto que está en su naturaleza precisamente dotar al comportamiento humano, frente a la incontrolable multiplicidad de problemas y posibles soluciones, una selección previa establecida, consolidada, fijada institucionalmente.

Todo debe ser puesto a disposición, todo es cambiable, no hay nada fijo, no nos podemos agarrar a nada: volvemos a navegar en el espacio sideral sin fronteras ni mundos conocidos, en ese eterno permanente de la intrahistoria. Pero ese navegar nada tiene que ver con la realidad histórica concreta, con los problemas reales de Euskadi, con los ciudadanos vascos de carne y hueso que provienen de una historia, que se entienden a sí mismos dentro de y con ayuda de esa historia real, que esán condicionados y limitados por esa historia, o por esas historias, y que sólo gracias a esas condiciones y límites pueden existir como personas concretas, como ciudadanos individuales. Lo demás es limbo, es intrahistoria, es refugio, no de alta montaña, sino de galaxia sideral.

No es de extrañar, pues, que el representante principal del nacionalismo democrático, el Partido Nacionalista Vasco, y vuelvo a repetir, a partir de la voluntad de dar respuestas tácticas a las necesidades percibidas de la pacificación, llegue a formular su doctrina —*ad hoc*— utilizando el término «ser». La última forma que ha adquirido el discurso del nacionalismo democrático gira en torno a ese término: existe un ser, cuya definición no se pone en duda, cuya existencia es evidente, y que es, debe ser, fundamento de una decisión. Decisión que, a su vez, debe estar en concordancia con lo que el ser es, y que por lo tanto debe conducir a que las conciencias concuerden con el ser predefinido, asumido como evidente.

Es otra forma de decir lo mismo que está significado por Juaristi con el término de intrahistoria para el caso de Unamuno. Es otra forma de decir lo mismo que ha formulado una y otra vez Oteiza, estableciendo un tiempo sin tiempo, un vínculo por encima del tiempo entre las cuevas del paleolítico y el presente de la sociedad vasca: una esencia estética que permanece invariable y que debe infundir con sus normas la acción social y política dirigida a conformar la nueva siempre igual sociedad vasca.

En esa intrahistoria, como ya he indicado, todo es posible, los problemas se resuelven por disolución. El ser engloba todas las diferencias. De la misma forma que la historia es el espacio en el que emergen las diferencias, el ser es el lugar en el que las diferencias se desvanecen. Y las conciencias, siempre peligrosas de desvaríos raros, deben ser conducidas a la concordancia con el ser. En el ser reina la necesidad: todo tiene su sitio, todo tiene su función, nada está dejado al libre albedrío. La decisión debe corresponderse con el ser.

La historia real, en cambio, es todo lo contrario: es desvarío, diferencia, lucha, desacuerdo, falta de concordancia, devenir, cambio, limitación, fuente de problemas. Ante ello es preciso elevarse a las alturas del ser, o a las profundidades del mismo si se prefiere, allí donde todo permanece siempre fiel a sí mismo, invariable, en perfecto acuerdo consigo mismo.

Por todas estas razones, la pieza clave de la solución del nacionalismo democrático al problema de la violencia radica en proclamar la vigencia de la intrahistoria por un momento para todos, exigir que todo el mundo acepte colocarse por un momento en ese espacio a resguardo que es la intrahistoria: todo se resolvería si se aceptara por todo el mundo un acto de constitución de la homogeneidad de la sociedad vasca como sujeto colectivo único, definido y diferenciado por medio de la consulta que se le hace acerca de cómo se entiende a sí misma.

Es muy simple: no sabemos cuál será el resultado, es desconocido como el futuro indefinido antes citado. Pero presupongamos que existe, elevándolo, sin saber si existe como tal, a la categoría de sujeto colectivo consultable, constituyéndolo formalmente, aunque permanezcan las dudas sobre su existencia real. Y además, en algunos casos, exijamos que lo que decida, que no conocemos, el sujeto que tampoco sabemos si existe, pero que suponemos puede constituirse formalmente en la consulta popular, se recoja como realizable en la historia concreta en el instrumento jurídico que regula la convivencia.

Tengo la convicción profunda de que este tipo de solución sólo se puede plantear desde la huida a la intrahistoria. En ese espacio no sometido a los condicionantes de la historia real, de la realidad concreta, es bien posible pensar que algo, el sujeto colectivo vasco, existe al mismo tiempo formalmente y es capaz de ser consultado, y de ser constituido en la consulta, y afirmar que no sabemos si existe en la realidad condicionada de la historia, porque al fin y al cabo es necesario dejar la puerta abierta para que se pueda afirmar también que se respeta la pluralidad existente.

Creo que es bastante evidente que ese espacio de la intrahistoria, inicialmente imaginado como un espacio refugio ante las eventualidades de la historia, ante sus avatares, riesgos, cambios y diferencias, manteniendo esta misma función, ahora sirve además para ubicar en ella los problemas cuya resolución parece imposible en la sociedad real. La aceptación simultánea de la pluralidad vasca en los aspectos de la distinta identificación institucional de los vascos, de la pluralidad de marcos de referencia de los vascos, de la pluralidad de identidades vascas, y de la sociedad vasca como un único sujeto colectivo soberano con derechos de tal sólo es posible fuera de la historia real, en la intrahistoria.

Este espacio de la intrahistoria es en el que el nacionalismo democrático encuentra su refugio ante la tensión interna de sus dos principios, tensión que se agudiza en la realidad del ejercicio del poder autonómico, puesto que éste le confronta directamente con la puesta en práctica de su programa político, mientras que la situación de clandestinidad, o de participación institucional limitada y por lo tanto básicamente de oposición, ofrecía otra clase de refugio, un refugio negativo, pero suficiente como para no tensar demasiado la contradicción interna entre los dos principios constitutivos del nacionalismo.

Dos repuestas a la pluralidad: el mito fundacional y la intrahistoria

Vuelvo en este apartado a recoger la idea de la diferencia entre el nacionalismo democrático y el que recurre y se fundamenta en la violencia. La forma de relacionarse con la historia del nacionalismo basado en la violencia es la de contituirse a sí mismo como el momento fundacional de toda la realidad histórica del pueblo vasco: éste está permanentemente *in fieri* en ETA.

Esta concepción de la relación con la historia implica una violentación permanente de la realidad concreta, de la realidad histórica, de la sociedad real: ésta tiene que ser forzada a entrar, a dejarse conducir al momento fundacional que es ETA, y el camino para ello es la violencia, porque sólo así pueden destruirse, pueden borrarse todas las contingencias de la historia, cuales son la multiplicidad, la limitación, las diferencias, los desacuerdos, las heterogeneidades, las mezclas, las indefiniciones.

La forma de relacionarse con la historia del nacionalismo democrático, en la evolución que ha adoptado en los últimos tiempos, es la de huir a la intrahistoria, la de crearse un espacio de refugio en el que por un lado es posible vivir el sueño de la esencia eterna, permanente, de lo que constituye el alma vasca, esa esencia diferenciada que justifica todo el planteamiento político del nacionalismo vasco, y por otro lado también es posible responder sin concesiones ni constreñimientos a todas las exigencias presentes en la realidad vasca sin caer en ningún tipo de contradicción.

En la intrahistoria el nacionalismo democrático cree que existe el alma vasca definida *ab initio*, ese alma vasca que la experiencia contrafáctica pone diariamente en duda. Quiere, pues, el nacionalismo no violentar la realidad diferenciada, plural, fruto de la historia concreta que es la realidad social vasca de hoy, pero quiere al mismo tiempo ser fiel al alma predefinida que mora en la intrahistoria. Y por esta razón vuelve a la intrahistoria porque en ella es posible cuadrar el círculo, afirmar los opuestos a la vez, concordar lo radicalmente discordante.

Es de vital importancia en mi opinión volver a subrayar esta diferencia radical en la forma de relacionarse con la historia de los dos nacionalismos, y tratar de comprender su profundo significado. En ambos casos, entiendo yo, se da una huida de la historia real. En ambos casos es patente la voluntad de negar las condiciones reales de la historia concreta. Ambas formas de relacionarse con la historia ponen de manifiesto una extremada dificultad con la historia real.

Es conveniente en este momento analizar brevemente lo que entiendo por historia, y en qué sentido, por qué razón, ambos nacionalismos presentan dificultades serias, a mi entender, en su relación con ella.

He insistido varias veces, especialmente al referirme al concepto de intrahistoria, que la historia, la real, implica diferencia, multiplicidad, contingencia, limitación. Cuando hablamos de historia, especialmente en el contexto de los nacionalismos, tendemos a pensarla normalmente como fundadora de identidad concreta, en contraposición a la construcción abstracta del ciudadano a partir de la Ilustración europea.

Aquí me refiero en otro sentido a la historia. La historia significa básicamente contingencia. Nada es absoluto en la historia, todo cambia, perece y aparece, es el ámbito del nacimiento y de la muerte. Nada de lo que sea histórico puede ser absoluto. Y si todo es limitado, contingente, la consecuencia directa es que en la historia lo que reina es la diferencia, mejor dicho, las diferencias. Lo único es imposible en la historia, la multiplicidad es consecuencia directa de lo histórico. Lo que inicialmente puede aparecer como único tiende a diferenciarse, a multiplicarse en la historia.

La pluralidad es constitutiva de la historia, de la misma forma que lo es la contingencia y la posibilidad de lo nuevo. La huida de la historia que constato en los dos nacionalismos, en el nacionalismo democrático y en el nacionalismo que se sustenta en la violencia, está referida a este significado de la historia, es huida del pluralismo, huida de lo no perenne, huida de lo no homogéneo, de la tendencia a disgregarse, a diferenciarse presente constitutivamente en la historia real.

Bien es verdad que la actividad de construcción cultural de los humanos a lo largo de la historia es el esfuerzo por contraponer posibilidad de permanencia frente a las fuerzas disgregadoras y diferenciadoras, pluralizantes de la historia, y en este sentido, las mismas instituciones son eje fundamental de la actividad de creación de cultura de los seres humanos.

Pero también es verdad que a lo largo de la historia se va produciendo un proceso de complejización, de forma que las instituciones mismas, dentro de su voluntad inherente de permanencia, van cambiando, haciéndose cada vez más capaces de institucionalizar la diferencia y la pluralidad.

Los nacionalismos también son, como creaciones culturales de los humanos, esfuerzos por alcanzar perennidad, fijando un momento de homogeneidad como fundamento de toda institucionalización, elevando ese momento de homogeneización a cierto grado de absoluto, de punto insuperable por ninguna historia. Los Estados nacionales, fruto también de este nacionalismo, se entienden como el culmen de la historia y tienen dificultades para aceptar las transformaciones que en los presupuestos que los sustentan se están produciendo hoy en día.

Y los nacionalismos irredentos, los que todavía no han conseguido conformarse como Estados nacionales por derecho propio, buscan la afirmación de esa homogeneidad contra la pluralidad reinante en las sociedades en las que se han originado huyendo de la historia, sea a la intrahistoria, sea al momento fundacional. (Si los nacionalismos siguen siendo irredentos quizá se deba precisamente, si hablamos de estados básicamente democráticos como son los países europeos de hoy, a la pluralidad radical de las sociedades en las que se dan dichos nacionalismos. Si las sociedades no fueran plurales en sus referencias institucionales, en sus identidades y en sus identificaciones, los nacionalismos ya no serían irredentos, hace tiempo que habrían llegado a ser nacionalismos de estado.)

El pluralismo, como elemento estrechamente vinculado con la historia, es la cruz de los nacionalismos vascos, quienes en lugar de reelaborar su doctrina para formular la posibilidad de construcción de la nación vasca bajo condiciones históricas reales, bajo condiciones de pluralidad, lo que hacen es huir de la historia, uno a la intrahistoria del alma vasca perenne y de la solución de las contradicciones radicales del pluralismo en el esquema del nacionalismo clásico. El otro al mito fundacional con toda su violencia.

Éste trata de implantar la homogeneidad, que nuclearmente está representada en el MLNV y en ETA, en toda la sociedad vasca por la violencia, tratando de conducir a través de ésta a todo el pueblo vasco a fusionarse en ese núcleo candente *in fieri* que es el acontecimiento fundador de ETA.

El otro, el nacionalismo democrático, implanta la homogeneidad en el espacio refugio de la intrahistoria, resuelve en ésta las contradicciones irresolubles que plantea el pluralismo radical de la sociedad vasca a la comprensión clásica del nacionalismo, creando, eso sí, una nueva contradicción entre la intrahistoria y la realidad histórica de la sociedad vasca con su pluralidad, sembrando la posibilidad de la división de la sociedad vasca entre quienes están dispuestos a huir a la intrahistoria y quienes siguen apegados a la realidad histórica concreta con sus diferencias y pluralidades

Las dificultades de los dos nacionalismos vascos con la historia son, pues, dificultades con la pluralidad de la sociedad vasca, en la medida en que dicha pluralidad rompe la homogeneidad que se supone está en la base de la reclamación nacional. Y ambos nacionalismos, por vías radicalmente distintas, buscan la creación de dicha homogeneidad: por medio de la violencia y el mito fundacional uno, por medio de la intrahistoria, con su perennidad y con su ficción de superación de todas las contradicciones históricas, el otro.

Esta dificultad con la pluralidad como manifestación de la dificultad con la historia real coincide con la concepción de la historia de ambos nacionalismos como fuente de determinación: lo que es y debe ser la sociedad vasca hoy viene marcado por la historia, sus derechos provienen de lo fijado por la historia, y son necesarios en su propia condición de derechos.

Esta concepción de la historia no deja lugar para lo divergente, para lo nuevo, para la libertad de decisión. Pero la historia es historia en tanto en cuanto no determina el futuro, aunque la historia es historia en la medida en que condiciona el futuro. Ni es posible proyectar futuro sin tener en cuenta las condiciones provenientes del pasado, ni es posible construir futuro sin abrir espacios a lo nuevo, a lo distinto, a lo divergente, a la libertad. El círculo hermenéutico consiste precisamente en esa ampliación del horizonte hermenéutico, que proviniendo del pasado como un arco que comienza, se extiende hacia el futuro abriendo la posibilidad de lo nuevo, de lo distinto. El círculo hermenéutico, círculo abierto como el horizonte, recoge el aspecto condicionante de la historia, pero también el elemento innovador, cuya fuente es la propia limitación de todo lo histórico, su contingencia específica.

Los nacionalismos, en general, tienden a cerrar el círculo, concibiendo la historia como algo cerrado, y por lo tanto predeterminado. El nacionalismo vasco, en su concepción democrática, se vuelve a la intrahistoria para poder mantener ese cierre. El nacionalismo basado en la violencia se planta en el momento fundacional y desde la violencia inherente a ese mito fundacional trata de reconstruir permanentemente la sociedad en su homogeneidad primigenia de sujeto colectivo dotado de poder soberano.

No es nada extraño que el problema de la violencia esté íntimamente unido a la realidad del pluralismo y a la dificultad de aceptarlo por parte del nacionalismo violento. Está unido no sólo en la interpretación que he presentado en estos últimos apartados de este tercer capítulo, sino también en la realidad de la historia vasca reciente. Porque si es verdad lo que ha afirmado reiteradas veces el nacionalismo democrático, que conflicto vasco como dificultad de engarce con el estado español, con España, ha existido antes de la violencia de ETA, durante la violencia de ETA, y que puede existir después de que desaparezca la violencia de ETA, y yo estoy convencido de que esta afirmación del nacionalismo democrático es totalmente correcta, entonces la variable que explica el recurso a la violencia debe radicar en otro punto, en otra fuente.

Y esa fuente es la pluralidad de la sociedad vasca y la dificultad de aceptarla. ETA no aceptó el resultado del referéndum por el Estatuto de Gernika. ETA no aceptó, ni acepta la sociedad vasca como es. Quisiera otra sociedad, no ésta, y cree poder conseguirlo sólo por medio del crisol de la violencia, haciendo pasar a la sociedad vasca por ese crisol.

El nacionalismo democrático tampoco termina de aceptar la sociedad vasca en su pluralidad radical. Y reconstruye la sociedad que le gustaría en el eterno de la intrahistoria. Esa reconstrucción queda sin consecuencias, en la medida en que la intrahistoria apenas tiene nada que ver con la historia real.

Pero en la medida en que en los últimos tiempos, a partir de 1998, el nacionalismo vasco se ha empeñado en la búsqueda de la paz, y para ello ha elegido el camino de tratar de conducir al nacionalismo de la violencia lejos del mito fundacional y de la violencia inherente a ese planteamiento, hacia la reconstrucción de la homogeneidad del sujeto colectivo vasco en la intrahistoria, ésta puede dejar de ser un simple espacio de refugio, un albergue-escondite para el alma eterna de la cultura vasca, para empezar a ser un proyecto que se quiere trasladar a la historia real: la reconquista de la realidad histórica concreta desde el espacio de la intrahistoria.

Esta traslación de lo imaginado y soñado para la intrahistoria a la historia real, a las condiciones concretas de la realidad social vasca son las que han provocado la consecuencia de una resistencia a ultranza por parte de quienes no han entrado a formar parte, no quieren entrar a formar parte, ni se sienten obligados por ninguna historia a formar parte, del todo homogéneo del sujeto colectivo que sólo podía existir en la intrahistoria a sabiendas de que no existía en la realidad histórica de la sociedad vasca.

El intento del nacionalismo democrático de alcanzar la paz por la vía de reconducir el nacionalismo de la violencia a la intrahistoria ha cargado a esta vía de escape del pluralismo con un potencial desestabilizador para la sociedad vasca, de consecuencias imprevisibles. La sociedad vasca real se encuentra sometida a la disyuntiva de aceptar de forma muy mayoritaria la homogeneidad que hasta ahora ha negado en todas las consultas electorales, la homogeneidad que en la realidad no existe, no caracteriza a la sociedad vasca, o de quedarse en el campo de una afirmación del valor del Estatuto y de la Constitución, pero sin demasiada credibilidad como proyecto para el conjunto de la sociedad.

Parece que el nacionalismo no sabe pensar nación, no sabe imaginar nación, no es capaz de articular un programa de construcción de nación si no es en parámetros de homogeneidad, negando la pluralidad en su significación profunda: pluralidad de identidades, de identificaciones, de marcos de referencia institucionales.

Es de subrayar algo que ya he afirmado de forma escueta más arriba: a la pregunta de si el nacionalismo democrático ha retomado el camino de la intrahistoria, siempre presente en su tradición como una posibilidad de sí mismo, a raíz de la necesidad de buscar una salida al problema de la violencia, se le puede adjuntar otra pregunta en el sentido de si no será la dificultad de pensar nación en condiciones de pluralismo, dando a este término, y pido perdón por la insistencia, su más profundo significado, el que en verdad empuja al nacionalismo democrático a la intrahistoria, y la necesidad de definir estrategias de pacificación es una ocasión bienvenida para ello.

Quiero decir que no es fácil dejar de lado la idea de que al nacionalismo democrático se le juntan en un momento determinado dos impulsos que se refuerzan mutuamente: el impulso de dirigirse a la intrahistoria ante las dificultades de poner en práctica uno de sus principios en el momento de ejercer poder, y la necesidad de buscar vías para la superación de la violencia. Y en esa confluencia de caminos el nacionalismo democrático se encuentra sin las defensas que hubieran supuesto los argumentos de un discurso legitimador del poder autonómico, de la situación estatutaria.

En la situación actual del nacionalismo democrático inciden, por lo tanto, tendencias presentes en toda su historia y en toda su tradición, su incapacidad para desarrollar un discurso de legitimación de la situación autonómica, de la situación estatutaria, y la necesidad de encontrar una salida para el problema de la violencia. La influencia de los dos primeros elementos en el tercero hace que éste, la estrategia de pacificación, se haya planteado básicamente a partir del dogma de que la unidad nacionalista es requisito imprescindible, y, por lo tanto, trata de reconducir el nacionalismo de la violencia a la intrahistoria en la que encuentra refugio el nacionalismo democrático.

La intrahistoria se convierte así en el punto de encuentro del conjunto del nacionalismo. Pero llegando a ser ese punto de encuentro, pierde su inocencia, pierde su inofensividad y se convierte, como ya lo he indicado hace poco, en un elemento desestabilizador del conjunto de la sociedad vasca.

EXCURSO: EL ESTADO DE EXCEPCIÓN PERMANENTE

No hacen falta grandes dotes de observador para constatar que el grado de crispación de la política vasca y de los análisis dedicados a ella ha adquirido unos niveles casi insoportables. Tampoco es necesario ser un lince para percibir que la crispación a veces es auténtica, proviene de un profundo sentimiento, mientras que otras no es más que algo buscado para llegar a la descalificación del enemigo o del contrario político.

Un clima de crispación dificulta el análisis. Un clima de crispa-

ción crea un contexto en el que los calificativos gruesos, no matizados, las palabras grandes, altisonantes, las grandes descalificaciones
son la moneda más valorada. Y así nos encontramos con que calificativos como nazi, fascismo, totalitarismo, ausencia de democracia, franquismo son usadas y aplicadas de forma reiterativa, sin esfuerzo alguno por argumentarlas. Más bien al contrario: muchos
argumentos reciben su única fuerza del uso que realizan de dichas
palabras, de dichos calificativos.

La presencia de la violencia en una sociedad, pero muy especialmente cuando la sociedad en cuestión es democrática, plantea problemas muy serios, especialmente porque parece obligar o imponer
posicionamientos poco matizados. O se está a favor o en contra de
la violencia. Y como se da por supueso que en democracia no se
puede estar a favor de la violencia, de ese posicionamiento radical
en democracia se extraen consecuencias también radicales: sí o no a
la negociación, sin término intermedio. Y todo ello termina produciendo efectos en el pensamiento contrarios a la diferenciación, negativos para la voluntad y la capacidad de matización.

Entre la democracia y el fascismo, sin embargo, entre la tolerancia y el nazismo pueden existir y existen muchas graduaciones. Y el
mismo respeto a la historia exige que términos acuñados para cali-
ficar a determinadas experiencias históricas concretas no se genera-
licen aplicándolos a todo lo que de cerca o de lejos se les pueda parecer, porque terminan no significando nada, y lo que es peor, no
haciendo justicia a la experiencia histórica concreta de la que provienen.

La gravedad misma del problema de la violencia nos debiera
obligar a ser cuidadosos en nuestros análisis, pues nada habría
más favorable a la propia violencia que caer en su táctica de trazar
líneas divisorias claras más allá de las que deben existir entre quienes justifican y no condenan la violencia, y quienes están en contra
de ella.

Hasta ahora he tratado de analizar lo que sucede políticamente
en nuestra sociedad, en Euskadi desde sí misma, sin recurrir a com-
paraciones históricas, sin buscar referencias en la historia, sin en-

globar totalmente el nacionalismo vasco en el nacionalismo en general, ni la violencia en la violencia en general. Para terminar estas reflexiones, sin embargo, sí quisiera acercarme a la historia en busca de algún planteamiento teórico de la política que quizá pueda servir para iluminar lo que nos está ocurriendo.

Pero antes de entrar en esa presentación histórica quisiera dejar bien claro que no se trata de buscar un ejemplo en la historia para poder decir «así es el nacionalismo democrático vasco», «así es el nacionalismo vasco que recurre a la violencia». No es mi intención la de colocar al nacionalismo en su conjunto en la cercanía de tal o cual autor, ni de posibilitar su crítica colocándolo en relación a planteamientos históricos que merecen, o han merecido, determinados calificativos con justicia.

Trato de buscar ejemplos que puedan iluminar riesgos que se puedan dar en determinadas circunstancias, inconscientemente, por no analizar reflejamente los pasos, los argumentos, las tácticas que se van decidiendo en pos de determinada estrategia. Con ello vuelvo a algo que he afirmado en la introducción: cuando el tacticismo toma las riendas en la contienda política, en el discurso político, las posibles consecuencias de la acción política desaparecen del horizonte. Por esta razón es más necesario que nunca, por la prevalencia del pensamiento táctico en la política vasca, reflexionar sobre las consecuencias de las acciones políticas, sobre las consecuencias de los discursos y de los argumentos políticos. Y a iluminar, aunque sea de forma muy limitada, esa eflexión viene este pequeño excurso.

Muchas veces se ha criticado al nacionalismo por la tendencia de éste a plantear la política en términos de «nosotros» y «ellos». Muchos han creído que un acceso fácil a la crítica al nacionalismo lo ofrece la tendencia de éste a articular su pensamiento en torno al «nosotros», al sujeto colectivo, y a creer que el «nosotros» por él planteado, el sujeto colectivo al que el nacionalismo se refiere, abarca a toda la sociedad en la que se da el nacionalismo.

Todos los nacionalismos, ciertamente, recurren al «nosotros», al sujeto colectivo. Algunos autores llegan incluso a explicar el nacionalismo como una necesidad histórica en la transición de la lealtad al señor, al terruño, en la transición de la identidad local y concreta a la identidad abstracta que supone el Estado y que crea al ciudadano: en esa transición hacía falta un agarradero sentimental, agarradero ofrecido por el nacionalismo, por la identificación con el grupo que es la nación, por la identidad colectiva, por el «nosotros» (Jürgen Habermas).

Fue Carl Schmitt quien quizá con más claridad teorizó sobre las condiciones y las exigencias de esta construcción del «nosotros». Entendiendo que la política como concepto debe ser construida como otras ciencias, a partir de la contraposición de elementos binarios contrarios —la ética se construye contraponiendo lo bueno y lo malo, la estética lo bello y lo feo, la filosofía la verdad y el error—, defendió que los opuestos que constituyen la política son el amigo y el enemigo, el «nosotros» y el «ellos».

Así el concepto de política queda, según Schmitt, claramente definido, y se puede entender la creación máxima del ejercicio de la política, el Estado, como la creación del sujeto colectivo, la afirmación del «nosotros» sin fisuras. Porque el «nosotros» se constituye frente al «ellos», y éste es fundamentalmente externo, pero puede ser también interno.

Los elementos contrapuestos «nosotros»-«ellos» pueden ser expresados también con los términos amigo-enemigo. El sujeto colectivo que se manifiesta en la constitución del Estado es el amigo que se afirma como tal frente al enemigo: los que no petenecen a la categoría de amigo, no constituyen una parte de ese sujeto colectivo. El concepto amigo que necesita de su polo opuesto, del enemigo, excluye la posibilidad de la diferencia dentro de él mismo, excluye que nadie dentro de ese sujeto colectivo pueda entenderse a sí mismo de forma distinta.

Dando un paso más, en el desarrollo de su teoría, este autor afirma que el sujeto colectivo, el amigo, el Estado se constituyen en situación de guerra virtual con el enemigo. La esencia misma del concepto de política implica con necesidad que lo político por excelencia, el Estado, el amigo, se constituya por oposición, en confrontación con el enemigo. Si no existe esa oposición, si no se da esa confrontación no existe sujeto, no se puede constituir el sujeto como político, como Estado. La confrontación, el estado de guerra virtual es, pues, elemento constitutivo de lo político, es elemento necesario de la construcción del yo colectivo en esta forma de entender la política.

Más de uno tendría la tentación de entender que la descripción que acabo de realizar de lo que entiende Carl Schmitt como el concepto estricto de lo político es una forma de describir el nacionalismo, dado que en los discursos de éste pueden aparecer con bastante facilidad las referencias al nosotros y al ellos, la búsqueda de la oposición para la constitución del sujeto colectivo, la necesidad de encontrar un enemigo para poder constituir el sujeto colectivo.

Esta tendencia, sin embargo, es común a los nacionalismos de Estado y a los nacionalismos irredentos, los que no han alcanzado a constituirse en Estado nación. Diría más: esta tendencia se ha llevado a la práctica en toda su virulencia en el caso de los nacionalismos de Estado, cuando los Estados nacionales europeos se han entendido como integrales (Hagen Schulze, *Estado y nación en Europa*), han asumido en la estructura de la nación de tradición voluntarista de la revolución francesa la tradición herderiana del espíritu colectivo que anida en los pueblos, sus culturas y sus lenguas.

Y si bien es preciso tener en cuenta esta teorización de lo político en Carl Schmitt como un modelo negativo que sirva de aviso de posibles peligros, existen en sus planteamientos otros elementos que me gustaría presentar, con el mismo fin de que sirvan de horizonte negativo a evitar por cualquier nacionalismo, especialmente el vasco.

Para completar su teorización de lo político el autor que estoy presentando recurre a otros tres conceptos básicos en su teoría: la decisión, la dictadura y el estado de excepción. Estos tres conceptos están estrechamente unidos. La política no puede constituirse, en opinión de Schmitt, como un discurso eterno en busca de la fundamentación de las normas que constituyen la sociedad y garantizan su convivencia. En la verdadera política debe existir un momento decisionista indefectiblemente. La política es cuestión de voluntad, es cuestión de poder. La voluntad y el poder son necesarios para llegar a una decisión.

En el análisis de los textos constitucionales la pregunta que se plantea nuestro autor es en quién reside en última instancia la decisión, la capacidad de decidir, quién es, por ejemplo, el defensor último de la Constitución. En este sentido critica las interpretaciones de la Constitución de Weimar que no residencian dicha capacidad en el presidente de la República, y en lugar de ello establecen la validez de los mecanismos parlamentarios que, según este autor, no terminan de clarificar la cuestión de la decisión.

Y es que, como lo analiza en su amplio estudio sobre la dictadura, todos los sistemas políticos han previsto la dictadura como posibilidad de ellos mismos, como un momento de pregnancia especial de lo político, como un momento en el que lo político se manifiesta de forma fuerte y clara, en toda su claridad y fortaleza.

Ahora bien: la dictadura implica, por su propia definición, el estado de excepción. Dictadura y estado de excepción están mutuamente referenciados: no se puede concebir la dictadura sin tener en cuenta el estado de excepción, ni éste puede ser entendido en su significación sin recurrir al concepto de dictadura. Decisionismo, dictadura y estado de excepción terminan elevando la categoría de lo político que se constituye por la contraposición de amigo-enemigo en situación de guerra virtual a su máxima expresión. En ellos, y en la situación que ponen de manifiesto, se revela el concepto fundamental de la política, la soberanía, que no es otra cosa que la capacidad de decidir sin límites, dictatorialmente, en una situación de excepción, y es precisamente en esta situación de excepción, en la situación de guerra virtual con el enemigo, en la que se constituye el sujeto colectivo, el amigo, el «nosotros» frente al enemigo y al «ellos», sin los cuales la política no puede llegar a tener ni siquiera definición apropiada.

La política bien entendida, pues, y en opinión de Carl Schmitt, sólo se puede producir en un estado de excepción permanente. La producción de un sujeto colectivo, la definición del amigo y la subsiguiente o concomitante definición del enemigo, la declaración del estado de guerra virtual con ese enemigo que es la única posibilidad de sentirme amigo, sujeto colectivo, todo ello requiere decisión dictatorial y la declaración de un estado de excepción permanente: sólo en esas condiciones se da la soberanía, o se revela, término que le gustaría mucho a este autor, la soberanía.

Es preciso, sin embargo, darle la vuelta a toda la argumentación y a todo este planteamiento teórico. La política así definida no es posible en la historia real. La política así definida, y por mucho que algunas de estas definiciones nos parezcan obvias y de sentido común, porque fácilmente podemos verificar cuánto hay de contraposición amigo-enemigo en la política, especialmente en las relaciones entre grupos, exige, en su última consecuencia una suspensión permanente de la historia, de sus condiciones reales, concretas.

No otra cosa significa el estado de excepción permanente, la concepción de la soberanía como revelación. El estado de excepción implica la suspensión de la historia, y sólo en esa suspensión de la historia, en esa abstracción de sus condiciones concretas y reales, sólo fuera de la realidad histórica se puede producir la construcción de la homogeneidad exigida por la definición del sujeto colectivo llamado «amigo», «nosotros».

Y la construcción de esa homogeneidad, que implica la suspensión de las condiciones reales de la historia, implica dictadura, decisionismo, suspensión del discurso argumentativo para dar paso a la manifestación de la voluntad de poder, único lugar en el que se puede revelar la soberanía como poder no sujeto a limitación alguna: por eso debe definirse como en guerra con el enemigo, interno y externo, porque son amenazas a su poder, a la ilimitación de ese poder. Dictadura, decisión, estado de excepción, suspensión de la historia y de sus condiciones concretas, momento fundacional y decisivo del sujeto colectivo, de la homogeneidad: todo ello va unido, y posee una necesaria vinculación interna.

Desde estas posiciones defendió Carl Schmitt el fascismo de Mussolini y de su estado en Italia. Estas posiciones le llevaron a admirar a Hitler y el nazismo, a ingresar en el partido nacionalsocialista, esperando llegar a ser su jurista por excelencia. Por eso se reclamaba de la tradición del pensamiento restaurador, del pensamiento reaccionario del catolicismo, de Donoso Cortés y de Joseph de Maistre.

Si he planteado este pequeño excurso, con las explicaciones y matices que he planteado al inicio del mismo, no es por caer en la trampa fácil de colocar el nacionalismo, o ciertas formas de nacionalismo en las cercanías de Carl Schmitt, y a través de él en las cercanías de un pensamiento que no estuvo alejado del fascismo de su época. Estas trampas históricas fáciles no conducen a nada en el análisis político.

El hecho de que Carl Schmitt, el autor de las reflexiones que he descrito en este excurso, se inscribiera en el partido nacionalsocialista no implica que su pensamiento fuera un pensamiento genuinamente nazi. Es preciso tener muy en cuenta la recomendación de Ricado Tejada («Lo nacional y lo liberal en el pensamiento político de Ortega y Gasset», *Cuadernos de Alzate*, 20) quien recomienda tener en cuenta que hay un espacio entre la democracia y los planteamientos fascistas, que es el espacio del pensamiento que se mueve en las periferias del totalitarismo. Las teorías de Carl Schmitt se colocarían en ese espacio.

La intención clara de estas reflexiones y de estos apuntes históricos radica en el convencimiento de que es preciso mirar una y otra vez a la historia, ver modelos y paradigmas que en pensamiento o en acción se pueden encontrar en ella, bien para extraer enseñanzas positivas, bien para tener ante los ojos modelos negativos que ponen de manifiesto peligros reales.

Como ya he indicado antes, también el nacionalismo, al igual que cualquier otra ideología, e incluso que cualquier otro planteamiento político, puede llegar a colocarse en la periferia del totalitarismo. Lo mismo se puede decir de un constitucionalismo que esconde bajo esa denominación una concepción cuasi sagrada de la unidad del Estado, concepción incompatible con la misma admisión de la Constitución del 78 de la existencia de nacionalidades dentro del Estado.

Pero ya que este ensayo de urgencia tiene como objeto específico el análisis del proceder del nacionalismo democrático en esta última etapa de búsqueda de la paz, encuadrado en los veinte años de administración de las instituciones y del poder autonómico, y colocado en el horizonte de las distintas posibilidades del mismo nacionalismo a lo largo de toda su historia, los planteamientos teóricos que he descrito sirven para establecer un horizonte negativo ante el que se debe cuidar el nacionalismo, especialmente el democrático.

Salta a la vista, en mi opinión, que la versión del nacionalismo que los violentos vinculan con su uso y práctica de la violencia se acerca con claridad al estado de excepción permanente dictatorial de Carl Schmitt y de su definición de la política: como Schmitt, el nacionalismo de la violencia sólo cree poder alcanzar la situación de homogeneidad necesaria para la constitución del amigo, del sujeto colectivo «nosotros» frente al enemigo recurriendo al estado de excepción permanente, creando una situación de emergencia continua, sometiendo a la sociedad vasca a la dictadura del miedo, a la dictadura de estar sujeta a la obsesión por la violencia, de estar sometida a las cuestiones que plantea la violencia.

El fin último de la violencia radica precisamente en romper la normalidad civil, la normalidad democrática, la normalidad ciudadana, y hacer vivir a toda la sociedad en una situación de excepción. Y la excepción, la dictadura que comporta, sólo se podrá superar, la normalidad que destroza la violencia sólo se podrá restablecer con el cumplimiento de sus exigencias. Lo cual no significa otra cosa que la perpetuación de la violencia en sus frutos: el estado de excepción permanente que se tiene que reinventar continuamente para responder a su propia naturaleza.

Pero también el nacionalismo democrático debe tener en cuenta ese horizonte negativo al que no debe llegar nunca. Y debe tomar en consideración ese horizonte negativo por el peligro de que su tendencia a refugiarse en la intrahistoria puede perder su inocuidad cuando esa intrahistoria es barrida por el huracán de la violencia, cuando la intrahistoria se convierte en vacío de legitimación por la falta de un discurso articulado que consolide la situación de autonomía, un vacío que está pidiendo a gritos ser llenado por algo.

Y ese algo, los últimos tiempos así lo han puesto de manifiesto, puede ser muy fácilmente, demasiado fácilmente, la violencia de ETA, lo cual conduce a que la intrahistoria del nacionalismo democrático puede convertirse en estado de excepción permanente.

He tratado de aclarar al comienzo de este apartado que es preciso realizar un esfuerzo grande por evitar que cualquier discurso que se elabora en los casos de presencia violenta en la sociedad recurra a los planteamientos burdamente antinómicos: conmigo o contra mí, amigos-enemigos, buenos y malos, un aquí y un allí separados por una línea divisoria radical.

No quiero decir que no sea necesaria una posición clara ante la violencia. Una sociedad que no quiera ponerse a sí misma en peligro, y de ello he hablado lo suficiente en el capítulo y el apartado correspondientes, tiene que tener claro que existen los demócratas y los violentos, y que la línea que los separa es radical. Pero ahí se acaba la claridad meridiana de los planteamientos.

Todo lo que viene después, las reflexiones directamente políticas, los temas a discusión, todo ello debe poder estar sujeto al matiz, a la diferenciación, al detalle, al análisis, a la argumentación.

Por eso no valen las calificaciones descalificadoras de entrada, no vale el recurso fácil a calificativos históricos que parece que exoneran de la necesidad de argumentar, no vale esconderse detrás de una línea divisoria establecida por la postura ética para no asumir las responsabilidades políticas, para no elaborar discursos y proyectos políticos articulados, argumentados, matizados, diferenciadores.

De la misma manera que tampoco vale declarar un espacio ideológico fuera de cualquier crítica, no vale entender que cualquier crítica es negación del derecho a esos planteamientos políticos, no vale afirmar que cualquier análisis de lo que pueda suponer el acercamiento del nacionalismo democrático a las posiciones terminológicas, a las posiciones de contenidos del nacionalismo violento signifique criminalización de todo el nacionalismo.

La única línea divisoria que debe ser aceptada cuando se da la violencia en una sociedad, es la de la ética que exige que estén los demócratas a un lado, y los violentos al otro. Más allá de esa línea divisoria, el resto puede y debe ser objeto de análisis, de matizaciones, de detalles, de diferenciación, de argumentación, de crítica. Sólo así es posible mantener el diálogo crítico que es la base constitutiva de toda sociedad democrática, sólo así es posible ir consolidando continuamente sociedad frente al intento radical de la violencia de impedir precisamente esa consolidación.

La finalidad del apunte o excurso histórico que he presentado en este apartado era y es la de presentar un horizonte negativo como aviso de lo que puede ocurrir con el nacionalismo democrático si no analiza con seriedad sus propios movimientos, sus propias argumentaciones y la manera de elaborar su discurso: la descripción de este horizonte negativo, lejos de ser una calificación del nacionalismo en su conjunto, que sería una injusticia muy grave, es una ayuda para la reflexión, o, por lo menos, pretende serlo.

4

La nación posible

CAMBIO la mirada en este último capítulo. Ya no miraré al camino recorrido por el nacionalismo democrático en el pasado, por círculos concéntricos ampliados, primero a los dos últimos años, luego a los últimos veinte años, y luego a toda la historia del nacionalismo. Trataré de mirar al futuro, me esforzaré por describir el nacionalismo que no pierde de vista la nación posible hoy y en estas circunstancias concretas en Euskadi.

Podemos seguir hablando de Euskadi, de la sociedad vasca como nación porque el nacionalismo ha salvado esa posibilidad en la historia vasca: podía haber desaparecido, pero no lo ha hecho. Y si la diferencia es un valor, salvando la posibilidad de hablar de la sociedad vasca como nación el nacionalismo ha salvado un valor de diferencia que enriquece la libertad en su conjunto.

Pocos son, sin embargo, los valores abstractos, los valores absolutos. La mayoría son valores si no pierden la referencia a la situación concreta, si admiten la necesidad de adaptarse a las circunstancias concretas, la necesidad de tenerlas en cuenta. De lo contrario muchos valores pueden convertirse en antivalores: porque violentan la realidad concreta, sin la cual nada son las personas humanas.

La libertad también necesita de esta referencia a la realidad concreta, a las circunstancias concretas. Mis reflexiones en este capítulo no se van a dedicar a una defensa en abstracto de poder afirmar la posibilidad de nación para la sociedad vasca, no se van a limitar a una argumentación a favor del nacionalismo en abstracto, sino a un análisis de la posibilidad de Euskadi como nación, de la sociedad vasca como nación hoy y aquí, tratando de explicitar las consecuencias de esa posibilidad concreta.

En el capítulo anterior me he referido al hecho de que el nacionalismo democrático ha tomado la deriva de una de sus posibilidades, la vía de la intrahistoria, de la mano, con ocasión de la búsqueda de una estrategia conducente a la paz. Expresado de otra manera: el nacionalismo democrático podía haber optado por una renovación de sus planteamientos, por una adaptación a las circunstancias del poder autonómico definido por el Estatuto de Gernika, por una adecuación a la situación de pluralidad profunda de la sociedad vasca.

La necesidad de encontrar una salida al problema de la violencia le ha conducido, sin embargo, por otro camino, por la vía de recurrir a una de las posibilidades que le ofrece su propia historia y su propia tradición, la posibilidad de refugiarse en el espacio de la intrahistoria, espacio en el que puede jugar como si existiera la homogeneidad que no existe en la realidad social concreta.

La necesidad de buscar caminos para la paz ha sido para el nacionalismo democrático no sé si causa u ocasión, pero una de las dos, para no enfrentarse a la necesidad de su adaptación a la situación de pluralidad de la sociedad vasca, y para refugiarse en el espacio de la intrahistoria.

Alguna vez he escuchado en el Parlamento Vasco, y de boca de portavoces del nacionalismo democrático, que el Partido Nacionalista Vasco no tiene necesidad de refundarse, como lo han tenido otros partidos, por no poseer un pasado que le obligue a ello, por no contar con un pasado que necesite de una refundación democrática.

Esta afirmación es correcta en la medida en que en la actuación del Partido Nacionalista Vasco no existen tiempos de duda democrática, no existen manchas antidemocráticas. Pero la misma afirmación comienza a no ser tan correcta si, escudándose en la verdad de su afirmación, quiere significar que no existe nada en sus planteamientos que necesite renovación, y renovación profunda, que no existe en sus planteamientos nada que pueda volverse en determinadas circunstancias y en situaciones cambiadas en algo cada vez más difícil de compaginar con las exigencias concretas de la democracia.

Si los distintos socialismos de Europa han sentido la necesidad de renunciar a formulaciones marxistas, no siempre, o casi nunca, lo ha sido por contar con manchas antidemocráticas en su actuación histórica. Pensar que un planteamiento político surgido hace más de cien años pueda seguir manteniendo su vigencia sin necesidad de retoques de ninguna clase, cuando las circunstancias históricas, las propias de la sociedad para la que se proclama, y las del entorno más cercano y más lejano, han cambiado sustancialmente, es cuando menos ingenuo, si no llega a ser peligroso para el propio planteamiento político.

Las reflexiones que siguen están planteadas, por lo tanto, en ese horizonte: podemos seguir hablando de nación en relación a Euskadi y a la sociedad vasca gracias al nacionalismo y a su historia. Ello significa haber mantenido vivo un valor de diferencia que redunda en beneficio de la libertad en su conjunto. Pero si las circunstancias concretas de la sociedad vasca y de su entorno han cambiado sustancialmente, es ilusorio pensar que el nacionalismo pueda seguir siendo formulado de la misma forma que hace cien años: es necesario, pues, plantear el horizonte de la necesidad de reformular los principios nacionalistas para la nación posible que es Euskadi.

Al fin y al cabo, el deber de un nacionalista no debiera consistir en repetir miméticamente lo dicho por Sabino Arana, sino en hacer lo que hizo, proponer vías para que la sociedad vasca, la de hoy, la concreta, pueda seguir siendo sujeto diferenciado y reconocible en el futuro. Y no estoy muy seguro de que la mejor vía para ello sea repetir sus afirmaciones. Mas bien creo que si no somos capaces de reformularlas, mal servicio estaremos haciendo a su propósito.

Hoy es posible elaborar un alegato a favor del nacionalismo. Hoy es posible defender el nacionalismo vasco. Pero hoy también es necesario reformular el nacionalismo a la vista de la experiencia histórica y de las transformaciones que estamos presenciando y viviendo en nuestros días. Y hoy también es necesario replantear el nacionalismo vasco teniendo en cuenta esa memoria histórica y esas tranformaciones, además de tener muy en cuenta el significado que posee en sí mismo y en el horizonte del contexto histórico e internacional actual la profunda pluralidad que caracteriza a la sociedad vasca.

LOS CONTEXTOS DEL NACIONALISMO

El nacionalismo, tal y como lo hemos conocido y lo conocemos, es un fenómeno europeo. El nacionalismo como voluntad de crear, recrear o imaginar una sociedad lingüística y culturalmente homogénea que sirva de sustrato y justificación a la unidad estatal, el nacionalismo como creación de nación en el sentido apuntado desde el Estado, nacionalismo como voluntad de alcanzar para una unidad lingüística, cultural y de tradición un Estado propio, es un fenómeno moderno, europeo, que se desarrolla de la mano de la conformación del Estado moderno, es un fenómeno inextricablemente unido al desarrollo de los Estados nacionales.

No es cuestión ahora de entrar a discutir las diversas teorías que pretenden explicar y dar cuenta de este nacionalismo moderno. En todas ellas hay aspectos a tener en cuenta, y probablemente todas ellas fallan en la medida en que pretenden hacer depender al nacionalismo de una única causa en exclusiva.

Sí es posible afirmar, sin necesidad de tomar partido por alguna de las teorías, que existe una tradición de concepto de nación vinculada a la revolución francesa y que subraya el aspecto voluntario de la nación como resultado de la voluntad de asociación de los ciudadanos soberanos, y que existe otra tradición de entender la nación que parte de la existencia de un espíritu o alma colectiva —las culturas, las tradiciones, las lenguas— que conforma la historia y que pervive a lo largo de ella, sujetos colectivos previos al individuo, necesarios para que el individuo alcance a saber quién es, pues su identidad depende del entorno cultural en el que nace y se desarrolla.

Es sabido que en la primera concepción de nación priman las

ideas de la Ilustración, su racionalismo, su creencia en la existencia de la razón natural, sede y fundamento de los derechos humanos, raíz de la libertad individual. Y también es sabido que en la segunda concepción priman las ideas del historicismo, del romanticismo alemán, de la percepción de que el individuo es algo más que razón, que también es sentimiento, y de que la razón natural está siempre mediada históricamente por la tradición y la cultura.

Tampoco debieran existir demasiadas dificultades para admitir que desde mediados del siglo XIX ambas tradiciones se unen para dar lugar a lo que el historiador Hagen Schulze denomina Estado nacional integral. Estos Estados nacionales se desarrollan en toda Europa, independientemente de la tradición de la que provinieran en cada caso.

Y el desarrollo de estos Estados nacionales integrales desde mediados del siglo pasado coincide con la época de la búsqueda de la supremacía definitiva en Europa, coincide con la guerra franco-prusiana y con las dos guerras mundiales, guerras de las que el factor nacionalismo de Estado y su concomitante pretensión de hegemonía no está nada alejado, aunque no sea el único factor explicativo.

El mismo nacionalismo que ha sido capaz de construir y consolidar internamente los Estados modernos, con la conquista de la garantía de los derechos y las libertades, ha sido el que ha empujado a éstos a guerras cruentas en busca de la hegemonía sobre los otros Estados nacionales. Y el mismo nacionalismo que explota por no haber sido tenido en cuenta en las grandes formaciones supranacionales como la Unión Soviética y la Yugoslavia Federal cuando éstas implosionan, ofreciendo puntos de sostén en la desintegración estatal y puntos de partida para nuevas formas estatales, también es el que en las mismas circunstancias conduce a las guerras de unos grupos contra otros, de unas naciones contra otras, a la limpieza étnica.

No basta, sin embargo, con afirmar que el nacionalismo, sea de Estado o irredento, es un fenómeno ambiguo como lo son todas las manifestaciones humanas. Es necesario, aunque sea con toda brevedad, señalar que la ambigüedad del nacionalismo implica una contradicción, es necesario señalar en qué consiste dicha contradicción para tratar de trazar caminos de futuro que intenten evitar los desastres de la historia sin poner en peligro sus conquistas.

Como señala repetidas veces Jürgen Habermas, el nacionalismo es una fuerza necesaria para posibilitar la transición de las lealtades concretas del Antiguo Régimen, de las lealtades al señor, a la tierra, a una lealtad más abstracta, la lealtad al Estado, a sus normas abstractas. El nacionalismo sirve de puente al sentimiento huérfano de las lealtades concretas anteriores al Estado nacional. El nacionalismo, la referencia al grupo nación hace posible, según este autor, pasar de la identificación con una persona, con una tierra, a la identificación con una forma de gobierno, con una forma de organizar la convivencia, con unas normas abstractas, con las leyes.

Pero el resultado, o por lo menos el fenómeno concomitante con esta transición, ha sido la construcción del Estado nacional como una contradicción en sí misma. Porque el Estado se basa en la ciudadanía, se basa en el concepto de derecho, en la universalidad de la razón. Y según estos principios el ciudadano debiera ser universal, los derechos iguales en todas partes, no debiera existir diferencia entre ciudadanía italiana, francesa o alemana: el Estado como resultado de la voluntad de los ciudadanos dotados de unos derechos humanos universales, dotados de la misma libertad, no podría ser nacional, no podría estar limitado a un espacio geográfico concreto.

Pero lo está, y en estándolo transforma la pretensión, o la declaración, de universalidad de sus principios, de los derechos humanos, en identificación asboluta con la nación. El Estado nacional no es la manifestación de la universalidad de los derechos humanos del ciudadano, sino la absolutización de la referencia institucional del individuo y de su identificación con el grupo.

Cuando hoy en día se habla de forma repetida de la crisis o de la transformación del Estado nacional, a pesar de que la mayoría de las veces es su dimensión la que es objeto de análisis y de crítica —demasiado grande para lo pequeño, demasiado pequeño para lo grande—, es la citada transformación de la universalidad en identificación absoluta la que debiera estar sometida a crítica y a análisis. La gran fuerza del Estado nacional, su capacidad de aparecer como la forma natural y debida de organización política y social se debe a que en él confluyen tres ejes importantes: el eje de la identidad individual, el eje de la identificación con el grupo, y el eje de los derechos de ciudadanía. Los tres ejes confluyen en la institución Estado nacional, que no sólo es garante de los derechos de ciudadanía, distintos según los Estados, sino que también es garante de la identidad individual en cuanto ofrece y exige la exclusividad de la identificación con el grupo que conforma el Estado, con la nación materia del Estado.

Y es aquí donde se están produciendo, en mi opinión, las más profundas transformaciones. Porque hoy ni la identidad individual está referida en exclusiva a la identificación con el grupo nacional, ni los derechos de ciudadanía dependen en exclusiva de la pertenencia al grupo, a la nación.

Y en esas diferencias entre identidad individual e identificación con el grupo, entre ciudadanía y pertenencia nacional se están abriendo nuevos espacios de libertad. Y en relación al nacionalismo, esas diferencias y esos nuevos espacios de libertad abren la posibilidad de proclamar nación, de entender nación sin que la referencia al Estado sea un componente necesario, una necesidad absoluta.

Es cierto que nuestro vocabulario político está articulado en el paradigma del Estado nacional. Pero también es cierto que uno de los retos a los que debemos hacer frente es al de la redefinición del paradigma político, pues ni la unidad de Europa, ni los demás procesos de internacionalización y globalización son susceptibles de ser definidos dentro del paradigma del Estado nacional, cuales son el concepto de soberanía, la homogeneidad lingüística y cultural de la sociedad que conforma el Estado nacional, la equiparación de nación y Estado: todos estos conceptos están necesitados de un replanteamiento urgente y en profundidad. Y con ellos el propio nacionalismo, la propia idea de nación.

No cabe duda de que el desarrollo del Estado nacional, como ya lo he indicado, ha supuesto un avance importante en el apartado de la garantía de los derechos y de las libertades de los ciudadanos. Pero, asumiendo que existe un grado mínimo de libertad que está vinculado al cumplimiento de unos derechos humanos mínimos, tanto los derechos como la libertad son susceptibles de redefinición continua. Y no sólo susceptibles, sino que incluso pueden llegar a estar en peligro en su núcleo o meollo mínimo si no se reformulan según las circunstancias.

Las diferencias abiertas entre la identidad individual, la identificación con el grupo nacional y los derechos de ciudadanía, que las he definido como nuevos espacios de libertad, son nuevos retos para la concepción de libertad: una vez que se han abierto esas posibilidades ya no es lícito volver a concebir libertad sólo dentro del ámbito exclusivo del Estado nacional, siempre que sigamos siendo capaces de garantizar lo que aquél garantizaba. Pero ahora la cantidad y la calidad de libertad es distinta, debe responder a sus nuevas posibilidades, y el nacionalismo que se puede defender debe tener en cuenta esa nueva calidad de la libertad, esas nuevas posibilidades. Una de las formas de hacerlo es desvinculando nación y Estado. Y otra asumiendo la posibilidad de que el individuo elija la alternativa de estar referenciado a distintas identificaciones nacionales.

Aunque no sea el lugar para entrar en análisis más profundos y detallados, creo necesario indicar, por lo menos, que esta transformación del paradigma del Estado nacional con las consecuencias que estoy citando no es un elemento suelto en el conjunto que está formado por la cultura moderna.

La garantía de las libertades y de los derechos ha estado basada en la creencia en la universalidad de la razón y de la verdad por ella conocida, en la creencia de la existencia de una razón natural, común a todos los seres humanos por serlo. Esta razón natural, indivisa, de la que se deriva el conocimiento de las ciencias, y que produce el saber del que la cultura moderna ha creído que libera al ser humano, ha producido los grandes sistemas filosóficos. Pero fundamentalmente ha producido la creencia de que es posible la verdad, de que es posible hallar la fuente del conocimiento, de que es posible encontrar la fundamentación de la ética y de los valores, de que es posible llegar a definir racionalmente la forma verdadera de organizar la convivencia social y política.

La creencia de la Ilustración en la razón natural ha dado lugar a lo que los posmodernistas llaman los grandes relatos, los grandes sistemas de conocimiento, los grandes diseños de la historia, las grandes metafísicas históricas y sociales. El sistema de los grandes relatos de los que está llena la cultura moderna implica que el ser humano es capaz de conocer desde ninguna parte, sin condicionamientos espaciales o temporales, como si fuera Dios.

Uno de estos grandes relatos de la modernidad es el Estado nacional con su verdad suprema, la soberanía. Si en algo tiene razón el posmodernismo, sin embargo, es en la deconstrucción de estos grandes relatos y de sus fundamentos: no existe conocimiento como si fuéramos dioses sin condicionamientos espaciales y temporales. No existe fuente indubitable, fuera de cualquier condicionamiento, ni del conocimiento ni de la verdad. No existe fundamento indiscutible de la ética y de los valores. Lo cual no significa que se renuncie ni a la verdad ni a la moral. Lo que significa es que tanto a la verdad como al valor, a la ética, nos debemos acercar siempre de nuevo y en cada circunstancia de forma cambiante, conscientes siempre de nuestros condicionamientos.

Tampoco existe la soberanía y su producto, el Estado nacional, que implica, como hemos visto ya, una contradicción en sus propios términos y que, junto con sus indudables avances en defensa de la humanidad, ha supuesto la absolutización de algún particular en nombre y bajo la excusa de la universalidad.

La crisis o transformación del Estado nacional se produce, se está produciendo, pues, en el contexto de una transformación mucho más amplia de lo que ha sido el paradigma fundamental sobre el que está construida la cultura moderna en su conjunto. El nacionalismo, en la medida en que está referido al concepto de nación, y éste se entiende en el paradigma del Estado nacional, debe tener en cuenta este conjunto de transformaciones que se están produciendo, y que de forma tan somera he tratado de apuntar en las líneas que anteceden.

Ya no se puede, en nombre de la libertad posible hoy, formular nacionalismo en base a un concepto de soberanía que no tiene sitio en las transformaciones de pensamiento que se están produciendo.

Ya no es posible pensar en nación hoy, de nuevo en nombre de la libertad posible, en referencia exclusiva al Estado, como si no fuera posible pensar y definir nación sin esa referencia exclusiva. Ya no es posible pensar nacionalismo y nación desde el convencimiento de que sigue valiendo la ecuación clásica que equipara, vinculándolos necesariamente, identidad individual, identificación con el grupo nación, y derechos de ciudadanía.

El contexto general en el que se mueve hoy la cultura de la que provenimos, las transformaciones que se están produciendo en ella exigen que aprendamos a formular de otra forma nacionalismo y nación, al igual que Estado, derecho y libertad.

Para terminar este apartado es necesario realizar una referencia a la globalización de la que tanto se habla, y no pocas veces en relación a la validez del nacionalismo o a su carácter obsoleto. Causa a veces sorpresa que las referencias a la globalización sean críticas cuando se plantean en el ámbito de la economía, que en este caso se subraye la necesidad de la política, y por ende del Estado, mientras que la globalización se asume como valor positivo cuando el elemento de referencia es la nación y el nacionalismo.

En cualquier caso también la globalización es ambigua y contiene movimientos contradictorios. Ya nadie discute que junto a la tendencia a la globalización también se produce un reforzamiento del valor de lo local hasta el punto de que va entrando en uso el término *glocal*, tratando de evocar ambas tendencias al mismo tiempo.

Dejando de lado la tentación de servirse, según los casos, de la globalización o de la revalorización de lo local, lo que interesa subrayar es que ni la globalización puede ser entendida si no es en relación al otro polo, al del valor de lo local, ni éste puede ser entendido sin referencia a la globalización. Quiero decir que lo global y lo local se dan en interdependencia mutua, y que sólo pueden ser entendidos correctamente en esa interdependencia.

Con lo cual lo que estoy afirmando es que el elemento característico más importante de nuestros días no es ni la globalización en sí, ni la revalorización de lo local, sino la interdependencia: la característica principal de todo lo humano hoy es la de estar siempre y necesariamente colocado en una red de relaciones. Esta interdependencia choca frontalmente con el concepto de soberanía, porque no se trata de una interrelación sobrevenida a un sujeto autárquico, que se constituye como tal, sino que los sujetos, los elementos sociales, económicos, culturales se constituyen en la interdependencia, en la interrelación.

Este concepto de interdependencia choca también con conceptos como el de autarquía, económica o política, con conceptos como el de competencia exclusiva, y obliga a pensar en categorías de relaciones, de red, de participación, de capacidad de afirmar y desarrollar la propia personalidad, el propio interés, en la interdependencia, y no contra o fuera de ella.

Valga con estos apuntes para mostrar cuál es el contexto en el que quienes creemos que es posible afirmar nación y alegar a favor del nacionalismo lo debemos hacer, si es que nuestros planteamientos no quieren caer en un plano de libertad más reducido que el que se va haciendo visible en las nuevas circunstancias: una libertad que va más allá de la conquista de la autonomía frente a quien niega nuestra personalidad, y que entra en espacios de opcionalidad entre distintas ofertas y posibilidades, la libertad que crece y se desarrolla en un horizonte de pluralidad de opciones.

El contexto concreto del nacionalismo vasco

El nacionalismo vasco no puede desentenderse de las tendencias que muy resumidamente he apuntado en el apartado anterior. El contexto en el que el nacionalismo vasco se tiene que definir a sí mismo hoy es completamente distinto al contexto en el que lo formuló su fundador. Aquel contexto estaba totalmente sumergido en el paradigma del Estado nacional. El nacionalismo vasco se formula como tal en el contexto del esfuerzo de Cánovas del Castillo por hacer de España definitivamente un Estado nacional a imagen de los Estados nacionales europeos. Ése es el modelo que guía la formulación del nacionalismo de Sabino Arana. Cuando Sabino Arana dice

«Euskadi es la patria de los vascos», con patria quiere decir nación, con derecho a Estado propio, y la referencia de los vascos a su patria en Sabino Arana es una referencia exclusiva, contra el planteamiento del fuerismo liberal.

Y desde ese paradigma lee Sabino Arana y el nacionalismo desde sus inicios la historia vasca: la historia de una soberanía originaria, de una voluntad y de una realidad de independencia puesta en peligro una y otra vez por España.

Este planteamiento nacionalista, que vive de la matriz y del paradigma del Estado nacional, que es nacionalismo para construir Estado, y concibe al Estado como instrumento para construir nación, entendiendo por nación siempre algo homogéneo en su cultura y en el sentimiento identificatorio, tiene hoy las dificultades que acompañan al paradigma del que se nutre, se encuentra con los problemas de la desvinculación entre identidad individual e identificación grupal, se encuentra con la pérdida de necesidad en la relación entre ambas, se encuentra con la crítica al concepto de soberanía, se encuentra con la necesidad de asumir el valor y la característica de la interdependencia, de la interrelación, se encuentra en el contexto de la crítica a los grandes relatos, sabiendo que uno de ellos es el del Estado nacional.

De todo ello se extrae, como ya lo he indicado, la necesidad de plantear nación sin referencia necesaria a Estado propio, y se deriva también la necesidad de entender nación sin caer en la exigencia de la exclusividad de la referencia identificatoria grupal, sabiendo que hoy la libertad también alcanza, por lo menos como posibilidad, al ámbito de la identidad individual, que la identidad individual hoy ya no es normativa, no es una adecuación a la norma establecida por el grupo, por la nación, por la sociedad constituida en Estado nacional.

Pero además existe un contexto concreto que el nacionalismo vasco debe tener en cuenta al formular su concepto de nación. El nacionalismo vasco existe en una sociedad concreta que es la sociedad vasca de hoy. Hoy la sociedad vasca es profundamente plural. También lo era en la época de la formulación inicial del nacionalismo:

éste nace precisamente por la presencia de personas que representan la modernización vía industrialización rápida del País Vasco y que para Sabino Arana ponen en peligro la forma de ser tradicional, la cultura y la idiosincrasia de los vascos, con sus instituciones, sus leyes y su historia.

Pero el proyecto de Sabino Arana, el nacionalismo, no ha logrado unificar en el sentimiento nacionalista a la población vasca. Nunca fue la sociedad vasca homogénea en el sentimiento nacionalista. Siempre han convivido en Euskadi el sentimiento nacionalista, el sentimiento de pertenecer a la patria vasca, y el sentimiento de pertenecer a otros ámbitos institucionales, a España, el sentimiento de no pertenecer en exclusiva a la patria vasca.

Hoy la sociedad vasca es plural en lo que a la forma de entender la propia sociedad vasca se refiere. Para unos Euskadi es una nación, para otros no. Para unos a Euskadi le competen los derechos que a cualquier nación le compete, el derecho a un Estado propio. Según otros no. Algunos están dispuestos a aceptar que Euskadi es una nación, pero sólo a condición que ésta no pretenda lealtades exclusivas. Otros sin embargo no entienden que Euskadi pueda ser nación si no es con esa pretensión de exclusividad.

Todo esto se da en la misma sociedad. Euskadi no es pensable hoy sin esta multiplicidad de sentimientos en torno a la definición de la propia sociedad y de sus derechos. Este es el punto de partida. Esta es la realidad que dura ya muchísimo tiempo, esta es la realidad que se viene reflejando una y otra vez en las urnas cuando los vascos son convocados a elecciones. Si alguna conclusión se puede extraer de la voluntad de los vascos, de la voluntad de la sociedad vasca tal y como se manifiesta en las urnas es que, de momento, la sociedad vasca no quiere ser de otra manera, no manifiesta ninguna intención de variar en su ser plural, que son muchos los seres que coexisten en la sociedad vasca.

Ante esta realidad es preciso formular varias preguntas: ¿es lícito que, aunque la realidad social sea como la he descrito, se pueda pretender que fuera de otra forma? ¿Es la pluralidad de la sociedad vasca un problema, o puede ser una virtud? ¿Esta característica de la sociedad vasca hace imposible referirse a ella como nación, o es posible plantear la construcción nacional teniendo en cuenta y respetando la realidad plural de la sociedad vasca?

Una de las frases que más se ha repetido en los últimos meses, y no sólo desde planteamientos del nacionalismo vasco, ha sido la de que, renunciando a la violencia se puede plantear todo, todo es legítimo, cualquier aspiración política, cualquier planteamiento político es legítimo, se puede hablar y discutir de todo. Nadie está legitimado para plantear la exclusión de temas o de partidos, bajo el supuesto, siempre, de la renuncia clara a la violencia.

Y todo esto es verdad, sin duda alguna. Lo es por lo menos en abstracto. Es legítimo defender la independencia de Euskadi, como lo es defender su inclusión e integración directa y sin reservas en España. Es legítimo plantear la propiedad social de los bienes de producción, como también es legítimo abogar por el imperio del mercado libre.

En el caso de esta última alternativa, sin embargo, más de uno empezaría por fruncir el ceño: no está tan claro que se pueda plantear en las circunstancias actuales, olvidando la historia, la propiedad pública de los bienes de producción. Al igual que tampoco me parece posible plantear hoy, sin más, el dominio del mercado libre: estamos en un momento en el que, por el contrario y desde la convicción de la falta de legitimidad de la propiedad pública de los bienes de producción, se reclama la función de la política y del Estado para regular, limitar y equilibrar el funcionamiento del mercado libre.

De la misma manera, creo que no todo es legítimo, o por lo menos no igual de legítimo en democracia. La democracia no es un juego que se lleve a cabo en abstracto. La libertad no es abstracta, ni puede ser vivida en abstracto. La democracia y la libertad obligan a pensar en concreto y a plantear las cuestiones en concreto, teniendo en cuenta la historia, sus condicionamientos, y la realidad concreta de la sociedad en la que se materializan la democracia y la libertad.

Por eso la pregunta que se debe formular en Euskadi es la siguiente: ¿es legítimo cualquier planteamiento político referido a la sociedad vasca, teniendo en cuenta su realidad plural en el momento de definirse a sí misma, si es o no nación, en qué grado y con qué consecuencias, aunque se renuncie a la violencia? Es probable que la respuesta pueda ser todavía que sí, pero en este caso ya es necesario preguntar algo más: cómo se preserva, se respeta, e incluso se desarrolla la pluralidad fundamental y constitutiva de la sociedad vasca actual, sin la cual es impensable libertad en Euskadi.

Y esta pregunta no puede ser respondida por una mera yuxtaposición de términos, diciendo que no se renuncia a los fines nacionalistas clásicos, la independencia y la autodeterminación, y además se afirma la disposición a respetar el pluralismo. Si la mera enunciación yuxtapuesta de principios no es aceptable es porque el significado del pluralismo en la sociedad vasca quiere decir que existen ciudadanos vascos en número suficiente que reclaman la posibilidad de seguir referenciados políticamente también a España, que reclaman la posibilidad de contemplar y vivir el ámbito español como ámbito también propio.

Y es la inclusión de esta realidad en el proyecto o planteamiento político que se propone lo que es exigible desde un principio. Por esta razón, y por muy razonable que pueda parecer afirmar que todo es legítimo si se condena la violencia, la afirmación debe ser reconducida a la cuestión siguiente: ¿cuáles son los planteamientos y los proyectos políticos que mejor preservan y garantizan el respeto a la pluralidad constitutiva de la sociedad vasca? Y entonces se verá que no todos los proyectos son igualmente válidos, igualmente legítimos, igualmente adecuados democráticamente.

No todas las formas de organizar políticamente la sociedad se corresponden, respetan y garantizan la forma de ser plural de la sociedad vasca actual.

En este punto, sin embargo, se suele plantear la siguiente cuestión: ¿no es lícito en política plantear proyectos que impliquen un cambio de la sociedad en su forma de entenderse actual? ¿La forma de ser de la sociedad vasca actual, su profunda pluralidad, es un dato irreversible, irrevocable, o puede ser visto y considerado como un elemento cambiable, transformable, superable?

En el fondo se trata de la cuestión de si la pluralidad de la sociedad vasca es un problema o un valor a asumir positivamente, se trata de saber si un proyecto político que plantee el cambio de la forma de ser de la sociedad vasca actual tiene consecuencias hoy en esa sociedad, si el cambio es deseable o no.

Visto de nuevo en teoría es claro que se puede plantear con toda licitud y legitimidad cambiar la sociedad tal y como ella se presenta actualmente. La historia avanza precisamente porque se plantean mejoras continuas, también en el mundo de la política. El recuerdo, por otro lado, de los planteamientos políticos que no se han limitado a buscar mejoras parciales, limitadas y concretas, sino que han tratado de cambiar la naturaleza misma de la sociedad, debiera inquietarnos algo, por lo menos.

Y nos debiéramos preguntar si el hecho de que la sociedad vasca proyecte una imagen de sí misma en la que la pluralidad es el elemento más significativo, más característico y definidor, incluso en situaciones muy complejas y muy complicadas, de mucha tensión, no posee ningún significado para la cuestión que estoy intentando clarificar. Es evidente que todo lo que es producto de la voluntad de los humanos, producto de una sociedad, es revisable por definición, está sujeto al cambio histórico. Pero también es cierto que no todo lo que una sociedad decide se encuentra en el mismo nivel de capacidad, de posibilidad y de necesidad de cambio.

La historia, con su contingencia y su renovación, es posible precisamente por ese doble juego entre permanencia y cambio, entre estructuras más estables y cambios más rápidos, siendo las estructuras más estables las que precisamente posibilitan que se produzcan los cambios, para que éstos sean realmente cambios y no desintegración, caida libre en el caos.

Cambian, poniendo la mirada en el ámbito de la política, los gobiernos, las coaliciones de gobierno, los programas políticos de los partidos, las leyes sectoriales, las mayorías electorales. Las previsiones legales que afectan a las expectativas a medio y largo plazo de los ciudadanos no se cambian tan fácilmente, por ejemplo las previsiones sobre pensiones. Y estos cambios requieren de consensos muy amplios en la sociedad.

Lo mismo, o más, sucede con los aspectos referidos a la definición que una sociedad se da de sí misma. Esté esta definición recogida o no en un texto jurídico, en un texto constitucional, pertenece en cualquier caso a los elementos estabilizadores de la sociedad, pertenece a aquellas estructuras sociales profundas que permiten precisamente que otros aspectos puedan ir cambiando. Pertenece a la matriz estructural de una sociedad.

Lo que no significa que sea eterna, que no esté sujeta a la crítica, que no pueda y no deba cambiar nunca. Significa que son condición de estabilidad y de cambio en la sociedad, y que precisamente por ello, sus cambios son más lentos, menos perceptibles directamente, que requieren consensos muy amplios, y que generalmente van acompañados por un cambio en el sentimiento, en la percepción que la propia sociedad tiene de sí misma, en la manera de verse a sí misma de esa sociedad, en un cambio cultural en profundidad que ha ido manifestándose indirectamente en multitud de comportamientos y actitudes.

La combinación de estabilidad estructural y marco que posibilita el cambio exige de esa matriz que, según aumenta la complejidad de la sociedad, sea capaz de integrar en sí misma elementos de pluralidad creciente, que vaya constituyéndose a sí misma desde el principio de la integración estructural de la diferencia y la diversidad, como expresión en sí misma de la pluralidad de la sociedad.

Por esta razón el hecho de que la sociedad vasca desde hace más de veinte años vaya produciendo la misma fotografía de sí misma cuando es consultada electoralmente, en circunstancias diferentes, algunas además de una densidad crítica tremenda, con una continuidad remarcable, significa que esta fotografía que da la sociedad vasca de sí misma pertenece a esa matriz estructural, estabilizadora de ella misma, y que debe ser tomada y respetada en toda su significación.

Lo cual no conlleva imposibilidad de cambio. Pero la cuestión pertinente no es tanto, en mi opinión, la de su capacidad de revisión, sino la de su capacidad de ser estructurada no como división de la sociedad, sino como integración diferenciada de elementos diversos, y por lo tanto como tensión creadora y creativa capaz de afrontar con mayores garantías los retos de un futuro que no avanza precisamente por los caminos de la simplificación de estructuras, sino de una acentuación cada vez mayor de la complejidad.

Pienso, por todo esto, que la cuestión a plantear en relación a la pluralidad de la sociedad vasca no es tanto la de su posibilidad de cambio. Es revisable, la sociedad vasca podría cambiar, y es hasta legítimo pensar y desear que ese cambio vaya en la dirección de producir una sociedad más homogénea en el sentimiento y en la identificación nacionalista vasca, al igual que sería totalmente legítimo desear que el cambio llevara a una plena y no diferenciada identificación con España.

Pero también sería legítimo desear que el cambio supusiera un reforzamiento de la diferencia por medio de la valoración positiva de la pluralidad existente, tratando de que la pluralidad no se convirtiera en división, sino que estuviera integrada en una identidad internamente plural en su unidad, y a partir de esa tensión interna ser capaz de responder a la complejidad del mundo que viene.

No estamos, pues, en el campo de la mayor o menor legitimidad de una opción sobre las otras. Si todas son igualmente legítimas, la cuestión se plantea en el plano de la opción, de la deseabilidad, de argumentar, vuelvo a repetir, en el campo de lo igualmente legítimo y que por lo tanto no se impone con la fuerza de una legitimidad exclusiva, a favor de una opción por su mejor servicio al futuro de la sociedad vasca, al servicio de su capacidad de supervivencia y de afrontar los retos del futuro, al servicio de la continuación de su historia en el futuro.

Es importante recordar en este contexto que la historia condiciona pero no determina, que la historia es el reino de la libertad, el espacio en el que es posible caminar de la necesidad natural a la libertad de opciones. Este recordatorio se impone ante la tendencia a plantear las cuestiones básicas, las relativas a los derechos de las personas y de los pueblos, en un contexto de legitimidades democráticas exclusivas, en un contexto de necesidades históricas, de tendencias históricas irrevocables. Y no lo son. Existen derechos humanos básicos universales, generalmente formulados de forma negativa que sí albergan un buen grado de necesidad, de imperativo. El resto de cuestiones, especialmente las que se refieren a formulaciones positivas, al cómo de las cosas y de los derechos, son generalmente opciones, y por lo tanto argumentables, a favor y en contra, sin que exista una fuente última de legitimidad absoluta.

Planteada así la cuestión de cómo valorar la realidad plural de la sociedad vasca como algo recurrente en las manifestaciones de la propia sociedad vasca, la pregunta que queda a responder desde la perspectiva nacionalista es la de si es posible o no, y supuesta una respuesta afirmativa, cómo y con qué significado, la construcción de la nación vasca. Pues tengo la impresión de que muchos nacionalistas se relacionan con la cuestión de la realidad plural de la sociedad vasca no desde sí misma, sino desde lo que perciben que trae como consecuencia para la posibilidad de la construcción nacional.

Es decir: porque muchos nacionalistas perciben que si se acepta la pluralidad de la sociedad vasca, con todas sus consecuencias, la nación vasca o deja de existir, o su construcción se vuelve imposible. Ven la pluralidad de la sociedad vasca más como un problema a solucionar que como un valor positivo a asumir y desarrollar. Y por esta razón, sabiendo que no es democrático negar dicha pluralidad, plantean la posibilidad de su superación por medio de un cambio en la historia, planteando la legitimidad democrática del cambio de la forma de ser de la sociedad vasca, proclamando la legitimidad de una política que busque la homogeneización de la sociedad vasca en el sentimiento nacionalista. Y piensan en el inconsciente que la legitimidad de esa opción es, en definitiva, la única opción legítima ante la realidad de la pluralidad.

Por eso es necesario, desde una perspectiva estrictamente nacionalista, plantear la posibilidad, o no, de la construcción nacional en condiciones de pluralidad de la sociedad vasca, entendida ésta en toda su profundidad, asumiéndola como valor, y no como problema para el nacionalismo, problema que por esta razón exige su superación.

Uno puede tener la tentación de comenzar la respuesta a la pregunta que he planteado diciendo que no sólo es posible construir nación en las condiciones reales de pluralidad de la sociedad vasca, sino que de no hacerlo así es precisamente la nación vasca y la posibilidad de su construcción las que se ponen en peligro.

Pero voy a resistir la tentación, porque esta opción significaría caer en una especie de determinismo histórico: o se responde de una forma determinada la cuestión planteada, o de lo contrario la nación vasca desaparece. Esta forma de plantear la cuestión entraría directamente en colisión con la libertad que proclamo y que planteo en la historia: no estamos ante cuestiones de necesidad histórica, sino que nos encontramos con cuestiones que ofrecen distintas opciones, distintas posibilidades, ante las que es necesario elegir desde la responsabilidad, argumentando y dando razones, pero sin esconderse en necesidades históricas ni en exlcusivas legitimaciones históricas.

Para responder a la cuestión que he planteado, a la cuestión de si es posible construir nación vasca en las condiciones de pluralidad de la misma y respetando dicha pluralidad, sin plantear su superación, se puede comenzar por analizar el significado de la expresión «construcción nacional».

Existen, por lo menos, dos formas de concebir la construcción nacional. Una, la clásica, parte de que la nación es algo previamente definido, algo que existe más o menos en su totalidad, algo que proviene de la historia, algo históricamente dado, una cantidad histórica fija, y que todavía no ha conseguido su materialización práctica. Sería pues cuestión de que lo que existe idealmente y en la tradición histórica está a la espera de su realización práctica.

Construcción nacional no es una cuestión de imaginarse la nación, de pensar hoy la nación, sino que es cuestión de dar paso en la historia concreta a algo que ya está imaginado, que ya está definido, que, en determinado sentido, ya está hecho.

Decía que ésta es la manera de concebir la construcción nacional en el nacionalismo clásico. Para éste no se trata de imaginarse la nación hoy, ni de estudiar y pensar cuáles son sus posibilidades teóricas, sus distintas formas de definición. Se trata mucho más de que, una vez que el nacionalismo ha definido en la tradición y en la historia la nación, se pongan los cauces adecuados para su realización concreta.

Creo, sin embargo, que es posible plantear la construcción nacional en otro horizonte. Si hoy podemos hablar de nación en Euskadi, y en referencia a la sociedad vasca, lo es gracias al nacionalismo vasco, gracias a que Sabino Arana planteó a finales del siglo xix la comprensión del Pueblo Vasco como nación y le llamó Euskadi. Gracias a ello se preservó una diferencia, y en la medida en que el nacionalismo sirvió para mantener la conciencia de esa diferencia, se amplió el espacio de libertad.

Pero ello no significa que la nación vasca esté definida, no significa que esté acabada, que su diseño esté cerrado. Sobre la base de la posibilidad de concebir al Pueblo Vasco como nación se puede concebir la nación como algo abierto a nuevas definiciones, a nuevas interpretaciones. Es cierto que Sabino Arana pudo hablar de nación vasca porque dio una interpretación acabada de la historia vasca, una interpretación que implicaba la existencia desde siempre de una entidad histórica soberana a la que se le había arrebatado la libertad propia y a la que había llegado la hora de devolvérsela en forma de Estado propio.

Pero no es la única forma de seguir escribiendo la historia de la nación vasca. Sobre la base de la posibilidad salvada por el nacionalismo, y sobre el hecho histórico de que esa posibilidad nunca ha alcanzado a ser la concepción subjetiva de toda o de la mayoría de la sociedad vasca, de que nunca ha pasado a ser subjetivamente la verdad sentimental de la mayor parte de los ciudadanos vascos, y teniendo en cuenta las transformaciones que se están produciendo en la concepción del Estado nacional y en el paradigma general de la cultura moderna, nación no tiene por qué ser algo acabado, predefinido, predeterminado por la historia.

La nación vasca se puede entender como la posibilidad de serlo, la posibilidad de llegar a serlo. Construcción nacional se puede entender no como la puesta en práctica de un diseño cerrado por la historia, la materialización en concreto, en forma de Estado propio de una realidad histórica prefijada, sino como la posibilidad de conducir las diferentes tradiciones existentes en la realidad social vasca, las diferentes lenguas, las diferentes culturas, los diferentes sentimientos de pertenencia, las distintas identificaciones nacionalitarias a una nueva identidad capaz de recogerlas, de asumirlas, de unirlas en una nueva definición, pero sin anularlas, sin renunciar a ellas, sino integrándolas en una nueva posibilidad.

Construir nación vasca hoy, en las condiciones de pluralidad de su sociedad y en el contexto de las transformaciones que se están produciendo, significa apostar no por la búsqueda de una homogeneidad difícil e improbable en el futuro, sino por basar la nueva identidad en el elemento diferenciador concreto de su pluralidad, en las formas concretas que adopta esa pluralidad en la sociedad vasca.

Nación no es sólo una definición jurídica e institucional. Nación, hoy, es sobre todo una realidad social capaz de identificarse a sí misma, pero sin necesidad de que dicha identificación lo tenga que ser sobre una homogeneidad cultural y lingüística, sobre una unicidad de sentimiento de referencia. Nación hoy es posible también como la posibilidad de crear una nueva referencia que se identifique por contener en ella misma varias referencias, varias identidades, una pluralidad de referencias institucionales.

Hoy debe ser posible pensar nación más allá de la relación necesaria entre nación y Estado que establecía el viejo paradigma del Estado nacional, más allá de la relación unívoca y exclusiva entre identidad individual e identificación con el grupo nación. Y en este contexto construcción nacional significa que la nación vasca no está terminada en cuanto a su definición, que todos, independientemente del sentimiento de pertenencia de partida, podemos participar en su definición, de forma que lo que surja sea una nueva nación que además tendrá entre sus características el de ser una nación abierta porque no pretende agotar en sí misma todas las posibilidades de referencia institucional de sus ciudadanos, aunque ofrece realidad institucional más que suficiente para que una de las referencias, incluso para algunos casi la única, de los ciudadanos vascos sean las instituciones específicas de Euskadi.

Si la nueva definición de nación posible en Euskadi implica no renunciar a ninguno de los elementos lingüísticos, culturales, de tradición y de referencia histórica, reclamando sólo que no sean entendidos en su pretensión de exclusividad, de la misma forma la definición institucional y jurídica que adopte la nueva definición de nación deberá ser una que no implique cierre sobre sí misma, una definición abierta, una forma institucional que permita identificarse con ella sin pretender la exclusividad definitiva.

Por esta razón la forma institucional jurídica que adopte la sociedad vasca no podrá ser unívoca, unilateral, de una pieza, cerrada sobre sí misma, erigida sobre y deducida del principio básico del viejo paradigma que es el de soberanía. La nueva nación posible que es Euskadi se construirá, más bien, sobre los principios de autonomía, participación, interdependencia, interrelación, desarrollando la capacidad de modelar su identidad no en sí misma, sino precisamente en esa interdependencia.

En este sentido, si el concepto clásico de nación implica que su materialización es cuestión fundamentalmente de definiciones textuales referidas al plano jurídico institucional, el nuevo concepto de nación coloca la construcción nacional mucho más en el plano social, en el plano de fortalecer la identidad desde su capacidad de adaptación, desde su capacidad de asunción de diferencias, desde el convencimiento de que la fortaleza de su identidad, de aquella que le permita subsistir en la interdependencia, en el mundo complejo que se está desarrollando, radica precisamente en su capacidad de integrar diferencias sin renunciar a ellas, en la tensión interna que se deriva de aprender a vivir con esas diferencias manteniendo la posibilidad de la identificación en un plano superior al de la homogeneidad, de la misma forma que la democracia ha colocado la unidad del sistema en la capacidad de integrar las diferencias representadas por la pluralidad de opiniones, creencias, sentimientos, asociaciones, partidos, programas, culturas y cada vez más sentimientos primarios de pertenencia, frente al sentimiento secundario de pertenencia que se fija en el sistema democrático.

Como ya lo he repetido varias veces, esta forma de entender la construcción nacional no es una necesidad histórica, ni tampoco puede reclamar legitimidad democrática en exclusiva. Sí tiene a su favor, creo yo, que responde a la pluralidad real existente en la sociedad vasca sin querer tratarla como problema a solucionar, o a respetar después de producir una homogeneidad que permita constituir la nación vasca en sentido clásico, en los parámetros del viejo paradigma.

Tiene a su favor, en segundo lugar, la ventaja de acompasarse mejor con las exigencias que van unidas a las tendencias que se observan en la complejización de los sistemas. Y tiene, en tercer lugar, a su favor el crear un espacio político y social en el que se pueden respetar mejor las nuevas posibilidades de libertad que van surgiendo de la desvinculación creciente entre identidad individual, identificación con el grupo nación, y la fijación de los derechos de ciudadanía. Esa desvinculación crea nuevos espacios de libertad, que volverían a cerrarse si no se pudiera definir construcción nacional tal y como lo estoy proponiendo yo aquí.

Quizá convenga recordar que siendo la libertad algo histórico, algo que se va concretando en las circunstancias históricas que van evolucionando, el no tener en cuenta nuevos espacios de libertad que van surgiendo, el seguir entendiendo libertad en los parámetros de los paradigmas ya definidos, pero que van cambiando, no significa simplemente mantenerse en una situación previa, ya conocida. La negación de la libertad posible significa que el mantenimiento de los grados de libertad alcanzados en el marco de las posibilidades previas se ponen en peligro. Como diría Anthony Giddens, cuando se defiende la tradición con métodos tradicionales es cuando surge el peligro del fundamentalismo.

Es posible, pues, entender la expresión construcción nacional pensando que nada está cerrado, predetermindo y prefijado por la historia, que podemos trabajar en la definición de la nación vasca, que construir no significa materializar lo ya sabido, sino aprender a decir nación de nuevo, a conducir las identificaciones, los sentimientos homogéneos parciales a una unidad superior que se construye no por ampliación de una de las parcialidades, sino por integración en un plano superior de las diferencias preservadas.

Este tipo de construcción nacional se puede definir también como el intento de conducir las distintas posibilidades de nación preexistentes, con su voluntad homogeneizante y de exclusividad, hacia una nueva nación cívica, que implica la renuncia a la homogeneidad y a la exclusividad previas, y fija su unidad en la integración de los elementos previos, con la consecuencia de que la forma institucional misma debe reflejar esa falta de exclusividad, la voluntad de responder a la existencia real de la pluralidad de sentimientos, y al mismo tiempo a una mínima unidad institucional de referencia sin la cual la pluralidad se vuelve división y no es una pluralidad integrada en un plano superior.

La nación vasca posible

Aunque en el apartado anterior, en el esfuerzo por contestar las preguntas formuladas acerca de la posibilidad de nación en condiciones de pluralidad de la sociedad, ya me he referido a algunas cuestiones relacionadas con la posibilidad de la nación vasca, en este apartado voy a tratar de concretar cómo entiendo esta nación vasca posible en condiciones de pluralidad y en condiciones de transformación del paradigma de Estado nacional.

Es innegable que la expresión pluralismo referida a la sociedad vasca implica, entre otras cosas, la existencia en ella de distintas identidades, de distintas formas de entenderse a sí misma de los ciudadanos, y siendo uno de los elementos diferenciadores el sentimiento de pertenencia diverso. Teniendo en cuenta esa realidad la pregunta que es necesario formular es en qué consiste una nación si no responde a una identidad única, homogénea en el sentimiento de pertenencia.

Es la cuestión doble de si la pluralidad no significa división, y de si la unidad es o no posible sin renunciar a la pluralidad, incluyendo en ésta siempre el sentimiento de pertenencia. Hay autores que indican que el proceso histórico, visto por lo menos desde la perspectiva occidental, es un proceso de diferenciación creciente, aunque se den retrocesos, de aumento creciente de la complejidad. Esta diferenciación, este aumento de la complejidad implica que las definiciones originarias de unidad van cediendo su sitio a sistemas más complejos en los que las diferencias integradas en las unidades originarias van adquiriendo una autonomía creciente.

Los mitos eran grandes creadores de unidad. Las religiones les sucedieron en la capacidad de ofrecer grandes construcciones unitarias, la posibilidad de ensamblajes unificadores para las diferencias. En Occidente a la religión como unificadora suprema le sucedió la razón natural, y ésta misma sufrió sucesivas divisiones en su unidad.

El proceso de diferenciación y de aumento de la complejidad no significa, sin embargo, la desaparición de la unidad. Lo que significa es que la unidad se va concibiendo de forma distinta, en la medida en que a la unidad material, de contenido, le va sucediendo una unidad cada vez más formal, en la medida en que la unidad va siendo cada vez más capaz de asumir en su interior diferencias crecientes.

En este sentido, y como ya lo he indicado anteriormente, la democracia no renuncia a unidad en contraposición a las monarquías absolutas, pero la unidad se entiende sin menoscabo del respeto de la pluralidad interna de las sociedades que adoptan la democracia: el respeto a la libertad, a la pluralidad de opiniones se convierte en la institución unitaria de las sociedades democráticas.

En el mismo sentido pienso que es posible plantear la nación vasca posible como la identificación en la diferencia de identidades, en la pluralidad de identidades. Y me atrevo a afirmar que concibiendo así la nación vasca posible se avanza en la democracia, se profundiza en la democracia, porque la democracia que conocemos, y me limito a este aspecto de la pluralidad, de la diferencia y de la libertad y no a otros aspectos de política social y de bienestar social, es una democracia que reconociendo el pluralismo e institucionalizando ese pluralismo, exige todavía, sin embargo, una unidad en el sentimiento de pertenencia, y sólo es capaz de entender ese sentimiento de pertenencia de forma unívoca y exclusiva.

La profundización democrática, de la que tanto se habla en la política vasca, de tener algún sentido, debiera ser entendida de la forma en la que la estoy planteando: como un avanzar en el reconocimiento de la pluralidad, incluyendo la diferencia de los sentimientos de pertenencia, sin renunciar por ello a una unidad que se instaura por el respeto mismo de esas diferencias, estableciendo la unidad posible en la identificación institucionalizada con esa pluralidad.

La identidad vasca, la que es base de la nación vasca posible, no posee una homogeneidad de sentimiento primario de pertenencia como base, sino que crea un nivel superior de sentimiento de pertenencia: los vascos se identifican como tales porque están referidos a una unidad institucional que se diferencia por su capacidad de integrar distintos sentimientos de pertenencia primarios, distintas identidades lingüísticas, culturales, de tradición y de historia.

Concebida así la nueva identidad de los vascos es evidente que esa identidad no se puede construir en la negación de otras identidades, no puede ser erigida sobre la expulsión de sí misma de parte de los elementos que la constituyen. Es una identidad que se autoafirma desde sí misma y desde su propia diferencia interna, no desde la negación de otras identidades, algunos de cuyos elementos los puede y debe poder reclamar como propios y constitutivos de su propia identidad.

La nación vasca posible se entiende, pues, como la institución de referencia identificatoria construida sobre la asunción de las diferentes identidades y de su pluralidad.

Es evidente que una definición de identidad en un plano superior, como se sugiere y se plantea en la tesis anterior, se instala en la diferencia que va apareciendo entre la identidad individual y la identificación con el grupo nación. Esta diferencia no implica la desaparición completa y radical de la referencia mutua. Lo único que implica es que dicha referencia no es absoluta, no es necesaria ni exclusiva. La identidad individual, para la cual la referencia al grupo nación puede seguir siendo importante, puede ser modelada sobre el eje de otras muchas referencias. No depende para su definición de la referencia unívoca y exclusiva con la nación.

Si esto es así, y si lo planteo es porque creo que es así y que existen argumentos importantes que lo sustentan como lo he puesto de manifiesto en otros apartados, la ciudadanía no queda encerrada en el ámbito marcado por la pertenencia al grupo, por la pertenencia a la nación.

Este es un paso muy importante. Implica por una lado la ruptura de la relación exclusiva entre pertenencia a la nación y derecho de ciudadanía. Implica el comienzo de la superación de la contradicción apuntada por Habermas entre el principio republicano, universal por definición, al que se apunta con el concepto de ciudadanía, y el principio nacional, particular también por definición, en el que se ha materializado el derecho de ciudadanía. Si la contradicción entra en camino de superación, comienza a curarse la cicatriz de la que habla la escritora francesa Julia Kristeva cuando afirma que entre el ser humano y el ciudadano existe una cicatriz, el extranjero. El ciudadano empieza a ser pensado en universal, como le hubiera gustado a Kant.

Pero también implica este paso, por otro lado, que la relación de la identidad individual con el derecho de ciudadanía no está mediado irremisiblemente por la pertenencia al grupo, que un individuo no debe temer la pérdida del derecho de ciudadanía por modelar su identidad individual de una u otra forma. La identidad individual pierde, también en su relación a la ciudadanía, buena parte de la normatividad que le ha caracterizado en el modelo del Estado nacional y en su sociedad correspondiente.

Si el ciudadano no está referido necesariamente a un modelo determinado de identidad, entonces el ciudadano ha adquirido un grado de libertad en relación a las posibilidades de identidad que antes no tenía. La transformación del Estado nacional, tal y como la he descrito antes, implica la aparición de estos nuevos espacios de libertad, a los que sólo se puede renunciar a costa del riesgo de caer en fundamentalismo.

Aplicado a la realidad vasca, al esfuerzo por concebir el Pueblo Vasco como nación posible en las condiciones de pluralidad que caracterizan a la sociedad vasca, la reflexión anterior quiere decir que en Euskadi hoy pensar la nación posible significa pensar en la posibilidad y en la deseabilidad de un ciudadano, de unos ciudadanos capaces de distintas identidades, e incluso pensar en ciudadanos capaces de entenderse a sí mismos como capaces de una pluralidad potencial de identidades.

No existe nación sin ciudadanos, ni es posible plantear la existencia de ciudadanos sin referencia a alguna nación, aunque se haya roto la referencia necesaria y exclusiva entre ambos. La forma concreta de vivir ambas cosas, la necesidad de alguna relación entre ciudadanía y nación, y el que dicha relación no sea necesaria en cada caso concreto, es planteando la posibilidad de una pluralidad de identidades como posibilidad concreta del ciudadano individual.

Esta posibilidad no implica necesariamente que cada ciudadano deba vivir realmente varias identidades a la vez, integrándolas en su ser de ciudadano, sino que vive en un marco jurídico, institucional y cultural en el que es posible, e incluso deseable, plantear dicha pluralidad de identidades. La identidad monista puede seguir siendo la regla, pero se tratará de un monismo fáctico, y no de un monismo normativo, como lo era en la época de vigencia total del paradigma del Estado nacional y su sociedad nómica.

Euskadi como nación posible lo es si se establece como marco para el desarrollo de un concepto de ciudadanía de identidad potencialmente plural. El ciudadano que se corresponde con la Euskadi como nación posible en condiciones de pluralidad, y no en condiciones imposibles e indeseables de homogeneidad en el sentimiento de pertenencia, es el ciudadano que se sabe potencial o realmente perteneciente a dos lenguas, a dos culturas, a varios ámbitos institucionales que no agotan en exclusividad su capacidad de referencia, que sabe que vive en un sistema institucional abierto, interdependiente, interrelacionado, y que por todo ello se sabe más libre, y más ciudadano.

Euskadi como nación posible, tal y como lo estoy planteando en estas líneas, significa pensar en ciudadanos que se constituyen a sí mismos no en la relación exclusiva a una homogeneidad, sea lingüística, sea cultural, sea de sentimiento de pertenencia, sino por medio de una pluralidad de referencias, construyendo su identidad como potencialmente la suma de distintas identidades, como integración de distintas identidades.

Es importante percibir que Euskadi como nación posible no es una cuestión de textos jurídicos únicamente, no es una cuestión sólo de graduación institucional, sino sobre todo de cultura ciudadana, de la existencia de ciudadanos que se identifiquen con una institucionalización abierta, y que lo puedan hacer porque ellos mismos se saben constituidos por una pluralidad de referencias, potencialmente plurales en su propia identidad.

No podemos pensar Euskadi como nación posible en condiciones de pluralidad si no somos capaces de pensar al mismo tiempo los ciudadanos que corresponden a esa nación posible, ciudadanos que constituyen con su voluntad de participación esa nación posible. Tan necesario como el discurso de la construcción nacional en el sentido que estoy dando a esta expresión en estas reflexiones es el discurso del ciudadano vasco. Si la nación está por construir, porque no es posible partir de un concepto predeterminado de nación por y en la historia, también el ciudadano y su identidad plural están pendientes de definición, están por construir, por diseñar, por desarrollar, por modelar.

Y es preciso que exista una correspondencia entre ambos elementos: entre la nación a construir y el ciudadano a modelar. Si partimos de una nación hecha y prefijada, habrá ciudadanos que no tengan sitio en ella. Si partimos de ciudadanos predefinidos en su identidad monista, la nación posible que asuma las condiciones de pluralidad no responderá a su necesidad de homogeneidad.

Euskadi como nación posible es algo a pensar en clave de ciudadanos y de ciudadanía, sin perder de vista en ningún momento que nación hoy no tiene ningún sentido si no somos capaces de declinar el término a partir del concepto de ciudadano, pero de un concepto de ciudadano que ha adquirido espacio de libertad por la diferencia que se está abriendo entre las referencias exclusivas de antaño entre identidad individual, identificación con la nación y derecho de ciudadanía.

Hoy es preciso pensar una nación posible más libre a partir de la libertad nueva y acrecentada de los ciudadanos en vías de emancipación de la referencia exclusiva y excluyente al Estado nacional.

La nación vasca posible se entiende, pues, constituida en la referencia a los ciudadanos que, a su vez, se constituyen en la posibilidad de identidades plurales. Son los ciudadanos de identidad potencialmente plural los que dan vida y sentido a la nación posible que es Euskadi, y ésta es impensable si no es desde la perspectiva de tales ciudadanos, de una tal ciudadanía.

El significado de esta ciudadanía de identidad potencialmente plural se puede visualizar si bajamos a la concreción de los elementos lingüísticos que constituyen la sociedad vasca. Todo lo referido a las dos lenguas oficiales de la Comunidad Autónoma Vasca, las políticas que las afectan, es uno de los elementos más sensibles de la política vasca. Y a pesar de que para la aprobación de la Ley de Normalización del Uso del Euskera pudo alcanzarse un consenso bastante amplio en el Parlamento vasco el año 1983, no ha sido precisamente el consenso lo que ha acompañado a la política lingüística desarrollada por las administraciones vascas, diseñada fundamentalmente por el Gobierno vasco.

Y en la discusión que ha acompañado a la política lingüística siempre se ha recurrido al derecho de los hablantes de una u otra lengua para justificar bien las medidas que se estaban tomando, que se iban poniendo en práctica, bien las críticas que dicha política merecía. Las medidas de discriminación positiva decididas por la Administración se basaban en el derecho de los vascoparlantes de poder vivir en euskera, de poder desarrollar toda su vida en euskera, en todo el cúmulo de relaciones sociales, administrativas, escolares, comunicativas, etc.

Y a la inversa: quienes criticaban la adopción de tales medidas se basaban, y se basan, en la necesidad de respetar los derechos de los castellanoparlantes, derechos a mantener un puesto de trabajo, de acceder a él sin discriminación por no saber manejarse en euskera, etc.

Independientemente de plantear los derechos de los hablantes de una y otra lengua como derechos individuales o colectivos, su defensa en cuanto derechos subjetivos a satisfacer conduce, en una reflexión consecuente, a la necesidad de constituir dos sociedades completas, si no se quiere dañar alguno de los derechos en algún momento, en alguna dimensión de vida. Sería preciso proceder a duplicar prácticamente todo, y en el caso de las administraciones públicas, contar con un funcionariado totalmente bilingüe.

Pocas veces, sin embargo, se ha intentado pensar la cuestión de la convivencia de las dos lenguas desde la perspectiva de las obligaciones ciudadanas. Si en lugar de tratar la cuestión de la política lingüística, la relación entre las dos lenguas oficiales de Euskadi, de forma aislada y en base a los derechos subjetivos de unos y otros, o encuadrada en el anhelo de una homogeneidad lingüística perdida y a recobrar, sea en español, sea en euskera, se planteara en el marco de la nación posible, en el marco de la convivencia ciudadana, quizá fueran otras las preguntas que nos debiéramos hacer.

Si es cierto que la mayoría queremos una sociedad bilingüe, aunque no todos estemos de acuerdo en el alcance de su significado, pero si asumimos como mínimo la voluntad de conseguir una sociedad bilingüe asimétrica, en la que no todos sean simétricamente bilingües, no todos sean bilingües perfectos, ¿no debiéramos plantear cuál es el deber de un ciudadano para apoyar la convivencia pacífica en una sociedad que se quiere bilingüe?

En mi opinión la cuestión lingüística debe ser planteada en este plano, no en el plano de los derechos subjetivos, sino en el plano de la obligación de cada ciudadano vasco para hacer posible una convivencia pacífica en Euskadi. Y esa obligación consiste en alcanzar en ambas lenguas la competencia suficiente para no impedir la comunicación en ninguna de las dos lenguas.

Esta obligación no requiere que quienes no sean euskaldunes de familia, o no hayan llegado a serlo, por mil circunstancias, de forma completa, no hayan alcanzado la situación de un bilingüismo perfecto, sí estén, por lo menos, en condiciones de no impedir una comunicación que empiece en euskera, aunque ellos la continúen en castellano. Y a la inversa.

Se trata de establecer un deber de ciudadanía para una sociedad que se quiere bilingüe. Se trata de concretar en el plano lingüístico el significado de ciudadano de identidad potencialmente plural. Se trata de pensar en concreto lo que significa nación posible en condiciones de pluralidad.

Ésta, la pluralidad, pierde toda densidad de significación en el momento en que dé la impresión de no consistir en otra cosa que no sea la yuxtaposición de monismos, de homogeneidades. La suma de entidades en sí monistas, homogéneas, no produce una verdadera pluralidad, como lo he repetido ya varias veces. Ya que tanto hablamos de pluralidad, extraigamos todas las consecuencias de un discurso que, mucho me temo, a veces juega más una función defensiva de protección de alguna identidad monista, y no una apuesta por llevar hasta el final su significado profundo, que no es otro que el de colocar a cada ciudadano ante el horizonte de una identidad potencialmente plural para cada uno, y no para el conjunto de la sociedad, a no ser que se confunda una sociedad plural con una sociedad que contiene, a duras penas, homogeneidades diferenciadas.

La nación vasca posible considerada desde la perspectiva de una ciudadanía que se constituye en la identidad potencialmente plural conduce a plantear la cuestión lingüística como un deber de los ciudadanos para adquirir la capacidad de no impedir la comunicación en ninguna de las dos lenguas, como aportación ciudadana a la convivencia pacífica.

Así como la escuela nacional sigue siendo considerada en Francia como elemento nuclear de la ideología republicana, y empleo el término ideología en un sentido positivo, la referencia a la escuela nacional posee connotaciones negativas en la sociedad vasca. Es la escuela franquista. Es la escuela que intentó, desde finales del siglo XIX, la homogeneización cultural y lingüística de Euskadi. Es sinónimo de españolización, de indoctrinación, de alejamiento de la propia cultura.

También es verdad que desde planteamientos nacionalistas radicales existen intentos de revivificar la escuela nacional, pero con vistas a la creación de una homogeneidad lingüística, cultural y social tenidas por necesarias para poder construir nación, o mejor dicho, para poder preservar y reconstruir la nación vasca que se considera degenerada, alejada de su propia naturaleza, de su propia esencia.

A pesar de estos esfuerzos, sin embargo, pienso que ya no es posible plantear hoy, en la sociedad vasca, una escuela nacional, me parece imposible revivificar el significado de la escuela nacional, máxime cuando en la propia Francia, cuna y matriz de la escuela nacional como instrumento de la ideología republicana, los acentos comienzan a ser más críticos y diferenciados.

Si el argumento principal que sustenta las reflexiones que vengo planteando dice que se ha abierto un espacio nuevo de libertad, de diferencia entre la identidad individual y la identificación con el grupo nación, y entre ésta y el derecho de ciudadanía, la consecuencia es evidente: la nación posible no puede exigir, ni puede basarse en, la aculturación de todos los ciudadanos en el troquel de la homogeneidad. La escuela no puede ser este troquel de homogeneidad. La escuela no puede ser nacional en este sentido.

¿Significa, sin embargo, lo que acabo de afirmar que la escuela ha perdido toda referencia a la sociedad en la que se inserta, que la escuela nada tiene que ver con la construcción nacional, que no debe mantener ninguna relación con la nación posible? Por supuesto que no. El sistema educativo, el sistema escolar sigue siendo clave en la socialización de los ciudadanos. Su función ya no es tan exclusiva como lo pudo ser durante algunos tiempos. Su funcionamiento está enmarcado en el horizonte de influencias decisivas que inciden en dicho proceso de socialización y entre las que cabe citar la familia, la televisión, hoy internet, y la calle en el sentido más amplio de esta palabra, los amigos, la cultura de cada generación, las relaciones con los pares.

Pero de todo ello no cabe deducir de ninguna manera la desaparición del factor educativo en la escuela, de una educación más allá de la mera transmisión de conocimientos, y más allá del desarrollo de las capacidades de las nuevas generaciones, especialmente para el aprendizaje continuo. El sistema escolar sigue siendo factor clave en la educación de las nuevas generaciones y en la socialización de las mismas.

Pero para que el sistema educativo en su conjunto pueda cumplir con su función es preciso que en la sociedad susodicha exista una matriz de normas y valores mínimos consensuados que constituyan el núcleo del modelo de ciudadano que sirva de guía a los educadores. La labor educativa es prácticamente imposible si no se desarrolla en un horizonte en el que están definidos, de una manera abierta y crítica, pero definidos, los elementos de valor que constituyen a un ciudadano de la sociedad en la que se lleva a cabo dicha labor educativa. Educar necesita referentes. Para poder educar es preciso conocer los límites dentro de los cuales se constituyen los valores que definen a una sociedad.

Y aunque en algunos momentos, especialmente en momentos de crisis, sea preciso que dichos elementos, dichos valores y dichos límites constituyan un curriculum abierto, expreso y manifiesto, en situación de normalidad la matriz de valores que constituyen a un ciudadano en una sociedad definida está inserto en lo que se denomina curriculum oculto, no expreso del sistema educativo, curriculum compartido con los padres, con los medios de comunicación, por lo menos los públicos, y capaz de ejercer su influencia sobre el curriculum también oculto que se desarrolla en la vida de la calle.

El curriculum oculto, al que en estas líneas me refiero de forma positiva y no como algo a desentrañar para poder combatirlo, cuando existe, está presente en los libros de texto, en la forma de presentar la historia, la geografía, la lengua y la literatura, y está presente en las actitudes de los educadores, en los proyectos educativos de los centros, inspirándolos.

Pero los educadores no pueden cumplir con su tarea de educar si los alumnos perciben que no hay consenso sobre el territorio de la sociedad en la que viven, sobre una valoración mínima de la historia que comparten, sobre el valor de las lenguas que constituyen dicha sociedad, sobre la relación deseada entre los individuos y su sociedad, sobre el entramado institucional que estructura esa sociedad, sobre el significado del ser ciudadano de esa sociedad: si en torno a todas estas cuestiones no existe un mínimo consenso, la labor educativa está hipotecada estructuralmente, y con ella el futuro de la sociedad.

La nación vasca posible significa poder llegar a establecer esa matriz de valores que sirva como horizonte para la labor educativa y para la socialización de los ciudadanos vascos. Y esa matriz de valores es imposible construirla sobre la exclusión de algunos de los elementos que constituyen la realidad social diferenciada y compleja de Euskadi, es imposible construirla sobre la duda continua aplicada al entramado jurídico-institucional que posibilita el mínimo de convivencia que existe en nuestra sociedad, es imposible sobre la apuesta de que un determinado sentimiento de pertenencia consiga imponerse sobre otros sentimientos de pertenencia.

Probablemente no sea la única manera de construir la matriz de valores, pero la mejor manera es desarrollando un orgullo ciudadano por la oportunidad de construir una sociedad compleja, plural, bilingüe. La mejor manera de desarrollar la matriz de valores necesaria para la labor educativa es aprendiendo a valorar positivamente lo que muchas veces percibimos como problema, aprendiendo a entenderlo como una gran oportunidad de desarrollar más libertad, la libertad de ser capaces de vivir en la referencia a una pluralidad de instituciones políticas, la libertad que implica saber vivir en una pluralidad de referencias, entendiendo esa pluralidad como riqueza y como valor positivo.

La mejor manera de desarrollar conciencia de ciudadanía en las condiciones concretas de la sociedad vasca actual —y qué otra cosa puede transmitir en épocas secularizadas la escuela en el horizonte educativo que no sea el valor de ciudadanía—, consiste en desarrollar un orgullo sano por la pluralidad de identidades, aprendiendo a ver las distintas lenguas, las distintas culturas, las distintas tradiciones, los distintos sentimientos de pertenencia como posibilidades reales de cada uno de los individuos vascos.

Euskadi como nación posible pasa por desarrollar esta matriz de valores que sirva de horizonte en el cual sea posible la educación en el sistema escolar vasco: la educación de los ciudadanos que se sienten orgullosos de pertenecer a una sociedad capaz de albergar en su interior distintos sentimientos de pertenencia sin renunciar a ser sociedad, valorando precisamente esa pluralidad como principal seña de identidad, como principal activo de identificación.

Euskadi no será la nación posible ni podrá ser construida como tal si caemos en la tentación de desarrollar de nuevo la escuela nacional, pero en sentido inverso a la antigua escuela nacional: como el lugar en el que se transmite y se consolida la conciencia de pertenecer a un todo homogéno, de carácter monista y unívoco, de lealtad exclusiva, monolingüe (con todas las lenguas extranjeras que se quiera) y cerrada sobre sí misma.

Nación vasca posible hoy en Euskadi significa desarrollar una matriz compleja de valores que pueda constituir un horizonte en el que sea posible llevar a cabo la labor educativa que consiste en transmitir una conciencia de ciudadanía estructurada en el eje de la valoración positiva de las diferencias internas que nos enriquecen como sociedad, una conciencia de ciudadanía que implique un orgullo sano por pertenecer a una sociedad que instaura e institucionaliza la libertad que supone el respeto a los distintos sentimientos de pertenencia que en ella se dan: un orgullo que se denomina amor republicano a la patria, amor a la patria como amor a las libertades.

La nación vasca posible hoy en Euskadi es una nación cívica. Cuando digo cívica la estoy contraponiendo a una nación exclusivamente étnica, o etnolingüística. Pero por encima de esa contraposición me estoy refiriendo a la voluntad de construir nación a partir de la libertad de los ciudadanos, de su derecho, más allá de los límites puestos por su sentimiento de pertenencia particular. Porque probablemente hoy las naciones étnicas o etnolingüísticas sean ya una quimera, menos en la voluntad de construir una homogeneidad a partir del sentimiento de pertenencia que, aunque sea imaginariamente, alguna vez crearon.

La afirmación de Euskadi como nación posible caracterizándola como nación cívica no es, sin embargo, una afirmación estática. Quiere ser una afirmación dinámica. La nación cívica no es un estado, no es una situación de llegada. Es un proceso continuo, un pasar continuamente, con dificultades, con tensiones, de una forma dialéctica de los aspectos étnicos, de los elementos lingüísticos, de los sentimientos de pertenencia a la conciencia cívica. Es este proceso el que constituye a Euskadi como nación cívica.

Entender a Euskadi como nación posible, y por ello, como nación cívica indica, pues, que no se renuncia a los elementos étnicos, a los elementos lingüísticos, a los sentimientos de pertenencia. Lo que constituye a Euskadi como nación posible en su significación cívica es el esfuerzo continuo por, reconociendo los plurales elementos étnicos, lingüísticos, de sentimiento de pertenencia, ir conduciéndolos a la categoría de ciudadanía, ir integrándolos en la categoría de ciudadanía, pagando el precio que es preciso pagar por ese tránsito: el precio de la exclusividad, el precio de la lealtad exclusiva, el precio de la univocidad, del monismo.

Entender a Euskadi como nación posible no significa renunciar a los sentimientos. Sin sentimientos no existe ser humano, no es posible ser persona sin sentimientos. Pero el ser humano, la persona no se agotan en los sentimientos. Tampoco en la razón. Sin razón, sin racionalidad no es posible desarrollar ciudadanos. Pero no es posible, no es lícito ni legítimo contraponer radicalmente razón y sentimiento, racionalidad y sensibilidad.

La tradición occidental que hemos heredado nos ha enseñado a colocar la razón y la racionalidad en la cúspide de las capacidades humanas, en el punto superior de la pirámide. La razón y la racionalidad son el conductor de la cuádriga, son el filósofo en el Estado, son el señor en la sociedad.

Hoy, cuando hemos perdido también la inocencia de la razón y de la racionalidad, cuando tampoco nos podemos abandonar ingenuamente en su fuerza pura y neutra para librarnos de todos los riesgos y peligros, porque sabemos de qué es capaz la razón, y no sólo su negación, pues ambos —la razón y su negación— producen los monstruos que soñó Goya, hoy, digo, podemos y debemos pensar los sentimientos y la razón no en relación de sumisión, sino en relación dialéctica, de necesidad mutua.

Los sentimientos deben ser dirigidos hacia la razón y la racionalidad, transformados continuamente por éstas. Pero la razón y la racionalidad deben ser sostenidas, concretadas, limitadas, historizadas por los sentimientos. Una nación cívica no es una abstracción, no es algo etéreo, no es algo que no se pueda ver, ni sentir, ni percibir en su concreción, en sus símbolos.

Hay que poder amar la nación, de la misma forma que hay que poder argumentar la nación. Hoy no podemos, creo yo, prescindir ni de lo uno ni de lo otro. Tenemos que aprender a ver las dos caras, a valorar la importancia de la transición del sentimiento de pertenencia a la conciencia de ciudadanía, pero también tenemos que aprender a valorar la importancia de que la conciencia de ciudadanía describa un nuevo sentimiento de pertenencia: el orgullo de pertenecer a una sociedad que sabe vivir, instaurar un espacio de libertad e institucionalizar una nueva libertad más grande, más capaz de integrar más diferencias en ella misma.

Euskadi como nación posible hoy es una nación cívica en movimiento continuo entre sus distintos sentimientos y el valor de ciudadanía, que a su vez debe poder ser entendido y desarrollado como un nuevo sentimiento capaz de integrar los otros sentimientos que alberga la sociedad vasca.

Nación cívica significa que no es necesario elevar ninguno de los sentimientos, a los que no quiere renunciar la conciencia de ciudadanía, a la categoría de única y exclusiva. Eso es lo que añade el valor de cívico, de ciudadanía: la renuncia a la exclusividad, una renuncia que va apareciendo a lo largo de los elemntos que van constituyendo este pequeño discurso de explicitación del significado de Euskadi como nación posible.

¿Por qué y para qué voy a renunciar a ninguno de los sentimientos que existen en la sociedad vasca, en relación a los ámbitos de pertenencia, si la construcción de la nación vasca puede ser entendida, y es mejor entenderla así, como el sentimiento de un nuevo horizonte de ciudadanía capaz de albergar en sí mismo los distintos sentimientos previos existentes?

La nación vasca como nación posible y como nación cívica no

exige a nadie renunciar a nada, y exige a todos lo mismo. Por eso es una manera de definir Euskadi que permite que todos puedan participar en su definición. No renuncia a desarrollar la conciencia de nación guardada y salvada gracias al nacionalismo. Pero la define de forma que no impida ni haga imposible e indeseable la participación de todos los que, sin renunciar a sus puntos de partida, sólo a la pretensión de exclusividad, quieran participar en su definición y en su construcción.

Entendiendo así Euskadi, como nación posible y como nación cívica, se puede recuperar un discurso de construcción nacional que pueda ser aceptable para una gran mayoría de ciudadanos vascos. Si el discurso de construcción nacional no puede ser asumido por una gran mayoría de ciudadanos vascos, de poco sirve su reafirmación insistente por parte de algunos.

En los albores del nuevo milenio, a diferencia de los tiempos en los que imperaba, por lo menos en las conciencias, aunque quizá no en la realidad más que como mito destructor, el paradigma del Estado nacional, ya no es posible, o por lo menos no es tan plausible ni conveniente plantear la construcción de la nación desde el Estado. La nación debe ser construida mucho más desde la sociedad. Y todos los discursos de construcción nacional deben responder con claridad a las exigencias de la cohesión social, de la integración cultural que sólo se puede dar desde el respeto a su pluralidad.

Si el discurso de la construcción nacional se plantea sobre el eje de la cohesión de la sociedad a partir del respeto de sus diferencias internas, también, como diré a continuación, en lo que se refiere a la forma jurídico-institucional que se da a sí misma la sociedad vasca, y buscando una integración respetuosa de las mismas, entonces ese discurso debe ser entendido como un discurso que versa fundamentalmente sobre la construcción de la sociedad vasca, añadiendo con el término nacional algo tan simple y tan importante como la voluntad de impedir que la pluralidad se convierta en división, que la pluralidad pueda ser utilizada por nadie como coartada para negarse a la integración respetuosa de las diferentes culturas y de los diferentes sentimientos.

Euskadi como nación posible y como nación cívica es algo que no está terminado, pero no por ser algo ya definido a falta de ser materializado, sino porque debe ser definido entre todos. Es una empresa común, dependiendo de la voluntad de los ciudadanos, en un movimiento de ida y venida: algo que surge de la voluntad de los ciudadanos individuales, y algo que, en cuanto matriz de valores, está al servicio de los ciudadanos, de la posibilidad de ir modelando nuevos ciudadanos.

La nación posible hoy en Euskadi es una nación cívica que no reniega de sus sustratos culturales, de tradición, lingüísticos, de sentimientos de pertenencia, pero que respetándolos todos y en movimiento doble, de ida y venida, los integra en un nuevo sentimiento de ciudadanía que se construye a partir del sentimiento de pertenecer a un espacio más amplio y nuevo de libertad: la nación cívica.

Es sabido, sin embargo, que las sociedades dejan de existir si no cuentan con una estructura institucional adecuada. Y, volviendo a repetir algunas reflexiones ya reiteradas, la forma institucional que ha servido de modelo en la tradición del paradigma político clásico es la del Estado nacional. Por esta razón, cuando pensamos en formas institucionales para una sociedad y para una nación, siempre pensamos en el Estado propio. Parece como si ni la sociedad ni la nación alcanzaran a corresponder a su verdadera naturaleza si no alcanzaran a ser Estado.

Pero la relación entre sociedad-nación y Estado está tan en transformación como la ya analizada entre identidad individual, identificación con el grupo-nación, y el derecho de ciudadanía. Es decir: la relación entre sociedad o nación y Estado no es necesaria, por mucho que una coyuntura histórica nos haya hecho llegar a creer que se trata de algo obligado por la naturaleza misma de las cosas.

Entre la necesidad evidente de una estructura institucional y el dogma de que dicha estructura institucional debe asumir necesariamente la forma de Estado propio existen muchos grados, muchas posibilidades. Y en la situación actual de transformación de los Estados nacionales se puede incluso afirmar que éstos están adquiriendo cada vez más alguna de esas formas intermedias, se están situando cada vez más en alguno de los grados intermedios, alejándose del modelo cerrado y absoluto del Estado nacional soberano de corte clásico.

La nación vasca posible hoy necesita de una estructura institucional. La nación vasca posible hoy no exige como necesidad asumir la forma de Estado nacional. Es posible desarrollar, construir la nación vasca situándose en alguna de las formas intermedias que existen entre ninguna institucionalización y la institucionalización dogmática del Estado nacional. Y hablo de situaciones intermedias porque todavía sigue ejerciendo una influencia indebida el paradigma, ya en profunda transformación, del Estado nacional, pero no significa para mí ningún tipo de valoración.

La nación vasca posible hoy cuenta con una forma de institucionalización, con una estructura institucional muy fuerte, muy poderosa. Es una estructura institucional que visualiza con claridad un ámbito de decisión propio. Es una estructura institucional con instituciones públicas claramente definidas: un Parlamento, un Gobierno, unas Juntas Generales, unas Diputaciones Forales, amén de los Ayuntamientos y de la cantidad de entes y organismos que emanan de cualquiera de los niveles institucionales.

Pero no solamente existen estas instituciones públicas, sino que a estas instituciones están adscritos poderes y competencias importantes, cuya enumeración me ahorro en este momento, pero que van desde el campo fiscal hasta el campo de los servicios sociales, pasando por la seguridad ciudadana, la sanidad, la educación y la cultura. La mayor parte de los aspectos que conforman la vida diaria de los ciudadanos vascos se encuentra en referencia a la actividad de las instituciones vascas, cuya financiación, gracias al Concierto Económico, es directa, y no proviene de transferencia de fondos de otras instituciones de fuera del ámbito vasco.

La nación vasca no sólo cuenta con instituciones públicas fuertes, sino que éstas son además abiertas porque están imbricadas directamente en otras superiores, como son el Estado español y la

Union europea. Son, pues, instituciones fuertes, abiertas, y por estas razones perfectamente adecuadas a las exigencias de los tiempos actuales que plantean la interdependencia, la interrelación, la subsidiariedad, la importancia de la red, la participación. Y todo ello más allá de las cuestiones metafísicas que durante tanto tiempo y con consecuencias tan trágicas han ocupado a los europeos concernientes a las fuentes: de la verdad, del valor, del poder, de la legitimidad.

Son instituciones que permiten una fuerte identificación, pero que no cierran las puertas a quienes buscan otros ámbitos de identificación añadidos. Son instituciones que responden por su flexibilidad, por su apertura, por su entronque en un sistema complejo de instituciones interconectadas a la realidad social de pluralidad de identidades, a la realidad de identidades plurales, de diferentes sentimientos de pertenencia, de formas distintas de modelar los sentimientos de pertenencia.

El eje central de esa estructura institucional es el Estatuto de Gernika, entroncado hacia arriba en la Constitución española y en las instituciones europeas, entroncado hacia dentro en las instituciones forales, una estructura institucional con fuerte identidad propia, con fuerte capacidad de identificación, con fuerte personalidad propia, pero que no reclama lealtad exclusiva, que permite la vivencia de dobles lealtades, porque se entiende a sí misma como la respuesta adecuada a una situación social de pluralidad en la cuestión básica de definición de la propia sociedad.

El Estatuto de Gernika posee un doble carácter, en respuesta a la pluralidad de la sociedad vasca. Es por un lado un pacto con el Estado español, respondiendo a la sensibilidad nacionalista, la que manifiesta mayor tendencia a una identificación exclusiva con las instituciones propias. Y es también un pacto interno entre los vascos, respondiendo al sentimiento no nacionalista, el que mayor tendencia pone de manifiesto a una institucionalización propia que no se cierre sobre sí misma, que permita la identificación sentimental también con otras instituciones superiores a las propias vascas, una institucionalización que permite dar salida a la sentida referencia hacia España.

El Estatuto de Gernika encarna una estructura institucional que contiene en ella misma una tensión que puede ser paralizante, pero que también puede ser creadora y enriquecedora, al igual que la realidad plural de la sociedad vasca, que puede ser fuente de enriquecimiento, u ocasión de división. Unos subrayarán siempre más el carácter de propias y específicas de las instituciones vascas, su carácter de punto final en su necesidad de identificación.

Otros, sin embargo, subrayarán más su carácter de abiertas, de posibilitantes de otras referencias, su no exclusividad, su naturaleza internamente plural. Pero en el momento en que se plantee la necesidad de romper este carácter ambiguo, plural, doble, abierto de la estructura institucional vasca, es el propio carácter plural de la sociedad vasca el que se pone en duda.

La búsqueda de simplificar la situación, de superar la tensión interna produciendo una definición unívoca que satisfaga totalmente a alguna de las sensibilidades no supone la solución de un problema, sino que supone la renuncia a vivir en una situación de tensión, la renuncia a convertir la tensión en fuerza creativa, y el intento de homogeneizar el conjunto de la sociedad vasca en el eje de uno de sus componentes.

El sujeto colectivo vasco al que tanto se alude en muchos discursos políticos no existe en unicidad si por ello se entiende un sujeto definido como nación con los derechos correspondientes a un Estado propio tal y como lo promulga el paradigma del Estado nacional. El sujeto colectivo vasco es posible, sin embargo, en la medida en que seamos capaces de transformar las distintas definiciones del mismo que existen hoy en la sociedad vasca en un nuevo sujeto que se identifica precisamente por esa su pluralidad interna.

Es muy difícil encontrar una estructura institucional para la sociedad vasca que por su naturaleza no sea estatutaria, no sea pactista en el doble sentido apuntado. Otra cuestión será la fijación de las competencias, la forma de asegurar y garantizar las competencias fijadas, la de asegurar ambos aspectos del pacto, para que ninguno de ellos pueda ser alterado de forma unilateral. Esta cuestión podrá requerir de cambios en los textos que regulan el marco institucional en el que nos movemos, sea la Constitucion española, sea el propio

Estatuto de Gernika Y los cambios pueden afectar, como acabo de indicar, a ambos aspectos del pacto, el relacionado con el Estado, y el que supone reconocimiento de las diferencias internas.

Porque de la misma forma en que probablemente sea cierto que el Estatuto de Gernika no puede estar sujeto a una lectura unilateral de la Administración Central del Estado y necesita de garantías constitucionales, también de interpretación por parte del Tribunal Constitucional, y en este aspecto es planteable una reforma de la forma de designar los miembros de este tribunal, es también necesario asegurar que el Estatuto refleje en su desarrollo e interpretación por parte de las instituciones propias su naturaleza de pacto interno, evitando una intepretación y un desarrollo unilateral y unívoco del mismo desde alguna de las sensibilidades constitutivas de la sociedad vasca.

Lo que es difícilmente alterable en el Estatuto de Gernika es su carácter de pacto externo e interno, su carácter de compromiso, su renuncia a ser institución unívoca, unilateral, su renuncia a ser respuesta a una situación de homogeneidad. Cambiar ese carácter del Estatuto significaría tanto como cambiar la sociedad vasca, negar su pluralidad, impedir la nación posible hoy y en las condiciones de pluralidad propias a la sociedad vasca.

Pues en relación al Estatuto de Gernika se plantea una doble cuestión derivada de lo dicho en los últimos párrafos: la necesidad de lealtad por parte del Estado al pacto suscrito y que es el Estatuto en su aspecto exterior, y la lealtad al pacto interno que supone el mismo Estatuto por parte de todas las sensibilidades presentes en la sociedad vasca, incluida la sensibilidad nacionalista. No voy a detallar más aquí esta cuestión, ya que la he analizado *in extenso* en el segundo capítulo.

De cualquier forma, y más allá de cambios posibles en los textos del ordenamiento jurídico que regula la convivencia de los vascos, lo importante es la cultura desde la que se interpretan esos mismos textos. Más que la literalidad de los textos constitucionales y estatutarios, y sin restarles importancia alguna, importa la cultura en la que adquieren su significado y su sentido, el horizonte cultural en el que son leídos e interpretados. La cultura de las identidades plurales, de la pluralidad de identidades, la cultura de instituciones abiertas, de la pluralidad institucional e incluso constitucional, la cultura del paradigma de la red en contra de la cultura del paradigma piramidal, de fuente, de legitimación absoluta, la cultura de la participación frente a la cultura de la soberanía, la cultura de la interdependencia y de la interrelacionalidad frente a la cultura de la autarquía y del autismo: esa cultura es la verdadera garantía del espíritu estatutario, una cultura que debe servir para leer la propia Constitución española con espíritu estatutario frente a tantos miedosos que ven en peligro unidades esenciales y metafísicas que merecen estar enterradas y olvidadas.

En algunas formas de argumentación desde el campo nacionalista se hace reiteradamente referencia a que no son los textos jurídicos quienes deben marcar los límites de la voluntad de la sociedad, sino que es ésta la que debe marcar los límites de los textos constitucionales y estatutarios. Este argumento encierra una verdad importante, pero de consecuencias diferentes al uso de quienes lo utilizan: no se construye sociedad, ni nación, exclusivamente ni mayormente desde los textos jurídicos. Al contrario: es la cultura de la sociedad, la cultura que desarrolla unos determinados valores, una forma determinada de vivir y explicar la convivencia la que dota de sentido a los textos. El aspecto importante de la construcción de la sociedad, de la construcción nacional no se encuentra en la lucha por la textualidad del marco jurídico, sino por la materialidad de los valores vividos en la cultura de la sociedad.

En este horizonte de comprensión de la construcción nacional quizá seamos capaces de conseguir la necesaria distancia para rebajar la importancia que impulsa a la lucha por el valor y la significación de los textos que fijan el marco jurídico de referencia en el que vivimos.

El Estatuto de Gernika es la mejor forma institucional de responder a la realidad plural de la sociedad vasca, y por esa misma razón es el marco institucional adecuado para desarrollar Euskadi como nación posible hoy, el mejor marco institucional para la construcción nacional de Euskadi: porque responde a la pluralidad constitutiva de la sociedad vasca de hoy, porque no quiere renunciar a ella, porque responde a los parámetros que marcan ya la cultura política de transformación del paradigma del Estado nacional.

Epílogo
La reconstrucción de la esperanza

E N LA INTRODUCCIÓN a este ensayo de urgencia sobre la situación del nacionalismo democrático en Euskadi me he referido a que estas reflexiones se escriben en el contexto de los asesinatos de Fernando Buesa y José Luis López de Lacalle, y con la intención de contribuir a superar la tentación del tacticismo, apuntando a tendencias más profundas y de más calado histórico que pueden resultar determinantes para el futuro del nacionalismo.

Y a pesar de las muertes, titulo este epílogo con las palabras «reconstrucción de la esperanza». Utilizo el término esperanza porque creo que es una palabra cuyo contenido puede servir de hilo conductor para entender la historia reciente, de estos últimos veinte años largos de la sociedad vasca, y para proyectar su futuro.

Alguna vez he escrito (*Euskadi invertebrada*), que la persistencia de la violencia en el seno de la sociedad vasca después de la transición y de alcanzar la democracia se debía a un exceso de esperanza, a la dificultad de dar satisfacción a la esperanza acumulada bajo la opresión franquista por medio de la normalidad democrática, por medio de la normalidad estatutaria.

La violencia, sería en ese horizonte de interpretación, algo así como el exceso de esperanza que la vida real en libertad habría sido incapaz de incorporar. O dicho de otra manera: la violencia sería el sobrante de esperanza que habría sido incapaz de entrar por la vía de la realidad democrática, por la vía de la maduración democrática, aferrándose al absolutismo que sólo tiene sentido en el sufrimiento, en la opresión y en la cárcel.

Los últimos veinte años han sido años en los que no hemos acertado a gestionar debidamente ese exceso de esperanza. Y no lo hemos sabido hacer porque unos, los no nacionalistas no han acertado a dotar al sistema estatutario de la debida ilusión como posible matriz receptora y reconductora del exceso de esperanza.

Y no lo hemos sabido hacer porque otros, los nacionalistas, hemos dejado siempre la puerta abierta para que quienes se escondían en ese exceso de esperanza se sintieran legitimados en ella, pensaran que ellos eran los verdaderos guardianes de la verdadera esperanza, porque no hemos sido capaces de hacerles ver que el exceso de esperanza en situación de democracia se convierte en huida de la realidad, en violentación de la realidad, en sustitución mítica de la voluntad mayoritaria de la sociedad.

Esta situación que ha ido condensándose a lo largo de los últimos veinte años largos ha llegado a su paroxismo en estos dos últimos años en los que el señuelo de la paz, tan ansiada por los ciudadanos vascos, y la obsesión por romper el nudo gordiano de la ambigüedad de nuestro marco jurídico, presentados y planteados en dependencia mutua, ha puesto al borde de la ruptura a la sociedad vasca.

Por esta razón he afirmado en la introducción que lo que la política vasca, como respuesta a la voluntad mayoritaria de la sociedad vasca, requiere no son arreglos tácticos, cambios en la táctica política, sino reflexión acerca de cuáles son las razones que nos han conducido a esta situación, para poder proceder a un cambio sustancial en los planteamientos políticos. Eso es lo que he tratado de plantear a lo largo de los cuatro capítulos de este ensayo.

Euskadi, la sociedad vasca, necesita reconstruir su esperanza. Una esperanza que debe situarse entre la demasía, el exceso de la esperanza trasladada de la situación de dictadura a la situación de democracia, y el escepticismo profundo que ha podido anidar en más de uno al percatarse que quizá seamos iguales que los demás, que somos tan vulgares como los demás, que tenemos problemas irresueltos mayores y más graves que los demás.

Una esperanza que se debe situar entre el exceso de esperanza imposible y la anulación de todo significado, de todo sentido, de toda importancia y simbolismo político profundo de la situación estatutaria.

Para que el exceso de esperanza encuentre su camino a la madurez democrática, preciso será que quienes no han sentido el proceso de constitución del autogobierno como un proceso ilusionante y respuesta a añoranzas profundamente sentidas, sean capaces de desarrollar una ilusión estatutaria capaz de concebir la política a desarrollar como una política de construcción nacional.

Y para que el exceso de esperanza se inserte definitivamente en la vida democrática y plural de la sociedad vasca preciso será hacerle ver a esa esperanza que es excesiva, que no tiene sentido en la realidad plural de la sociedad vasca sin atentar contra ella. Porque si bien es verdad que en democracia y por medios pacíficos todo es defendible, también es verdad, y no es menos cierto, que no todo lo que se plantea posee el mismo valor democrático, no todo lo que se plantea se adecúa a la realidad plural de la sociedad vasca, y también es verdad que algunos planteamientos contienen en ciernes programas totalitarios para la sociedad vasca. Y todo esto hay que decirlo bien alto, si no fuera por otra razón, por la de que la democracia no sabe vivir sin crítica, porque la democracia desaparece, se marchita, languidece si no desarrolla un espíritu crítico en relación a las propuestas políticas que se plantean en su seno.

Reconstruir la esperanza: aceptar el reto de aprender a vivir con la tensión interna de las propuestas plurales que constituyen a la sociedad vasca, aceptar el reto de aprender a transformar esas diferencias profundas, a veces radicales, en fuerza creadora de futuro, en capacidad creativa de una nueva identificación que no anula las diferentes identificaciones que se dan en ella.

Reconstruir la esperanza: ser conscientes de que tenemos la oportunidad de ir resolviendo problemas de forma ejemplar para otras sociedades modernas que poco a poco van encontrándose en situaciones similares a la nuestra.

Reconstruir la esperanza: darnos cuenta que la situación que tenemos, la social y la institucional, son posiblemente un adelanto a lo que va a venir, a lo que las tendencias de los tiempos marcados por la dialéctica entre la globalización y la revalorización de lo local, a lo que las tendencias marcadas por los valores de red, de interdependencia, de interrelación, de creación continua de puntos de captación de información, de adaptabilidad, de flexibilidad, de complejidad, van a exigir de todas las sociedades que no quieran desaparecer.

Reconstruir la esperanza: saber que no va a haber esperanza, aunque limitada, para todos, si no somos capaces de entender que la esperanza no sólo consiste en el cumplimiento de nuestros deseos, sino en hacer sitio a la esperanza de los otros. Existe esperanza para todos si somos capaces de entender las necesidades de la esperanza de los otros.

Reconstruir la esperanza: proyectar un futuro en el que los asesinados por ETA pudieran haber tenido su sitio sin renunciar a ser ellos mismos, un sitio que colmara parcialmente también sus esperanzas. Proyectar un futuro al que pudiéramos incorporar simbólicamente y sin violentarlos a los asesinados por ETA.

Reconstruir la esperanza: saber que, salvados unos mínimos, todos tenemos que aprender a decir libertad una y otra vez en las condiciones reales y concretas de cada momento, saber que uno de los mayores enemigos de la libertad es encerrarla en la imagen, en la figuración, en la definición de un momento determinado, que uno de los mayores enemigos de la libertad es no concederle el derecho a cambiar, a renovarse, a definirse de forma distinta. La libertad no se dice hoy de la forma que soñamos en la cárcel hace más de treinta años. Han aparecido nuevos espacios de libertad. Reconstruir esperanza significa ser capaces de incorporar a nuestro proyecto político esos nuevos espacios de libertad.

Las reflexiones de este ensayo están escritas desde la perspectiva del nacionalismo, desde la convicción del papel fundamental que ha jugado y que debe jugar el nacionalismo democrático en la construcción nacional de Euskadi. Como he indicado en la introducción, son unas reflexiones críticas desde el amor y el cariño por el nacionalismo.

Ello no quiere decir que no existan otros responsables de la situación y del futuro de la sociedad vasca. Ello no quiere decir que no sea posible y necesario proceder a un examen crítico de la actuación del no nacionalismo en Euskadi, a lo largo de los últmos veinte años y en el presente. Pero siendo una de las ideas fuerza de este ensayo el convencimiento de la necesidad de hacer sitio a quienes sienten e imaginan la sociedad vasca de una forma distinta a la nacionalista, pienso que una manera de hacer sitio es la crítica de la posición propia. Los demás la tendrán que hacer de la suya, y estoy convencido de que la crítica que al final es efectiva es la crítica que se hace desde dentro, no la crítica que se hace desde fuera.

Hoy es posible reconstruir la esperanza en Euskadi, precisamente después de la crisis que hemos vivido los dos últimos años, crisis que, según he intentado mostrar en estas reflexiones, tiene sus antecedentes en los veinte años que le preceden. Me gustaría pensar que el fruto de la apuesta que se ha llevado a cabo estos dos últimos años, apuesta por clarificar hacia un lado u otro la realidad social vasca, apuesta por la hegemonía del no nacionalismo en Euskadi, o por la hegemonía del nacionalismo vasco, ha sido el convencimiento de la esterilidad de esas apuestas.

Quizá había que realizar la apuesta, aunque pienso que nada es necesario en la historia. Quizá el resultado del fracaso de la apuesta doble sea el enterrar definitivamente la opción de cualquiera de las hegemonías en la sociedad vasca, aunque tengo que volver a decir que en la historia nada puede quedar definitivamente enterrado. Si es correcto interpretar la situación que vivimos en estos momentos en la política vasca como el fracaso de las apuestas por la hegemonía en la definición de la sociedad vasca, entonces la base de la esperanza a reconstruir entre nosotros es precisamente ese fracaso.

A lo largo de estos dos últimos años muchas veces me he preguntado qué es lo que puedo transmitir a mis hijos en paralelo al amor a Euskadi, a la ilusión por Euskadi, a la gran esperanza de libertad vinculada a ese amor que me transmitió mi padre. Y ha habido momentos en los que he pensado que no tengo nada parecido que transmitirles, que la violencia había termindo por destrozar todas las esperanzas, que la violencia y el terrorismo habían hecho añicos todos los ideales de mi juventud, excepto una tolerancia pesimista, excepto un amor a la libertad amargo, excepto una voluntad de no rendirme ante la dictadura de la violencia y de su entorno.

Quizá sea ésa la razón profunda por la que he escrito estas reflexiones: para volver a encontrar un camino de reconstrucción de la esperanza, para volver a tener algo en que creer, algo en que esperar. Quizá la esperanza que pueda articular ahora sea más compleja, menos sencilla que la que viví en mi juventud, pero no por ello menos hermosa, menos valiosa.

Merece la pena Euskadi, merece la pena construir la nación vasca, porque merece la pena la sociedad vasca, porque merece la pena describir, desarrollar y vivir la libertad una y otra vez, de forma renovada, en circunstancias nuevas, percibiendo sus nuevas posibilidades.

A muchos les han arrebatado la vida, pero no nos pueden arrebatar la esperanza ni la ilusión, porque sin la una y la otra, al final también se pierde la libertad. Y para muchos, por encima de fetiches y de mitos, Euskadi siempre ha sido sinónimo de libertad.

Gora Euskadi askatuta!

Índice

Introducción 7

1. Nacionalismo y violencia 17
Contradicciones
La explicación de la violencia
Argumentos
Violencia y método
Conclusión

2. El nacionalismo democrático
y la legitimidad estatutaria.................. 61
La crítica clásica al nacionalismo
El Estatuto de Gernika y sus significados
La articulación teórica desde las Instituciones
Consecuencias
Conclusión

3. Nacionalismo e historia 101
Los principios del nacionalismo vasco
Historia real frente a mito fundacional
La intrahistoria
Dos respuestas a la pluralidad
Excurso: el estado de excepción permanente

4. La nación posible   145
   Los contextos del nacionalismo
   El contexto concreto del nacionalismo vasco
   La nación vasca posible

Epílogo   193